Kohlhammer

Elmar Nass

Der globale Puppenspieler

Die Vision von Xi Jinping und eine
Antwort der Freiheit

Verlag W. Kohlhammer

Titelbild: © Beatrice La Marca

1. Auflage 2024

Alle Rechte vorbehalten
© W. Kohlhammer GmbH, Stuttgart
Gesamtherstellung: W. Kohlhammer GmbH, Stuttgart

Print:
ISBN 978-3-17-045205-3

E-Book-Formate:
pdf: ISBN 978-3-17-045206-0
epub: ISBN 978-3-17-045207-7

Inhalt

Vorwort

Mein im Sommer 2023 in der Reihe »Wirtschaft kontrovers« im Kohlhammer-Verlag erschienenes Buch »Ziele und Werte sozialistischer Marktwirtschaft. China aus ordnungsethischer Sicht« hat einige Aufmerksamkeit erregt. Dadurch angestoßene Diskussionen zum besseren Verstehen der chinesischen Wirtschaftsordnung aus einer ethischen Sicht haben mich natürlich gefreut. Eine Folge davon war auch eine Reihe von Einladungen, meine Thesen vorzustellen. Hier erlebte ich stets ein großes Interesse am Thema und eine intensive Bereitschaft zur lebendigen Diskussion. Nicht zuletzt dadurch bekam ich viele wichtige Anregungen mit neuen Blickwinkeln. Und mir wurde immer klarer, wie wichtig es ist, im Blick auf das kommunistische China das Thema Wirtschaft auszuweiten und in den größeren Zusammenhang einer sozialethischen Analyse zu stellen. Auch brauchen wir, das wird uns ja in der freiheitlichen Welt zunehmend klarer, einen gesamtgesellschaftlichen Diskurs für eine gut begründete Neuausrichtung unserer Beziehungen zur Regierung Chinas: wirtschaftlich und politisch. Aber eben nicht nur das: Wir müssen dabei auch die ethischen Fragen mitdiskutieren. Und die kommen bisher oft noch zu kurz. Dabei sind sie der eigentliche Schlüssel zum Verstehen politischer Strategien.

Unsere notwendige Neuausrichtung sollte nun nicht allein den politischen Gremien oder Lobbyvertretern überlassen werden. Denn viel zu existenziell sind die Herausforderungen dieses Themas für unsere eigene Freiheit, für die Fundamente unserer demokratischen Ordnung und für unserer Kultur. Für eine solche Diskussion brauchen wir natürlich wissenschaftliche Abhandlungen. Aber nicht allein das. Denn diese sind bisweilen eng fokussiert. Und sie erreichen meist nur eine sehr begrenzte Leserschaft. Populäre Bücher sind dagegen oft plakativ einseitig und in ihren manchmal scharfen Argumenten nicht immer sauber nachvollziehbar. Das vorliegende Buch wagt nun den Spagat, wissenschaftlich fundiert eine breite Leserschaft anzusprechen. So sollen möglichst viele interessierte Menschen, denen die Zukunft unserer freiheitlichen Ordnung am Herzen liegt, für einen tieferen Einblick in die Gedankenwelt der chinesischen Führung unserer Tage sensibilisiert werden. Und das mit einem besonderen Fokus für die grundlegenden Wertevorstellungen, aus denen sich das genauere Verständnis von Würde, Freiheit, Gerechtigkeit und Frieden ableitet.

Allen, mit denen ich in den letzten Monaten auch kontrovers das Thema China diskutiert habe, bin ich sehr dankbar für viele neue Ein- und Ansichten, neue Fragestellungen und vor allem auch lebendige Erfahrungsberichte aus dem je eigenen Erleben Chinas. All das war mir Motivation zu diesem zweiten Buch über China. Und all diese Anregungen sollen hierbei möglichst hinreichend berücksichtigt werden.

Ich freue mich sehr, dass Herr Dr. Uwe Fliegauf vom Kohlhammer-Verlag mich zu diesem Projekt ermutigt und in der Umsetzung tatkräftig unterstützt hat. Danke für dieses Vertrauen. Auch danke ich Frau Sophie Zintl, dass Sie wieder in so exzellenter Weise die mühsame Aufgabe des Lektorats übernommen hat. Gleiches gilt für Frau Marie Bauer, die die Grafiken und Tabellen optimiert hat. Und den Mitarbeitern meines Lehrstuhls, Herrn Igor Tadic und Bruder Emmanuel Faakang SVD danke ich für eine Reihe von wichtigen Recherchen und Ideen sowie für viele ermutigende Worte auf dem Weg von der ersten Idee bis zur finalen Umsetzung.

Köln, Sommer 2024   Elmar Nass

Präludium
Die große Herausforderung

China hat in den letzten Jahrzehnten eine atemberaubende Entwicklung genommen. Einige Dämpfer in jüngster Zeit trüben diese Gesamtentwicklung keineswegs. Inzwischen erhebt Chinas Regierung zunehmend den Anspruch, mit neu gewonnener Stärke auch weltweit führenden Einfluss geltend zu machen, militärisch, ökonomisch, politisch und auf vielen anderen Feldern. Für die jüngste Entwicklung steht der aktuelle und auch auf unabsehbarer Zeit starke Mann: Xi Jinping, seit 2012 Generalsekretär der Kommunistischen Partei Chinas (KPCh) sowie seit 2013 Staatspräsident und in dieser Rolle in der Nachfolge von Mao Zedong der »überragende Führer« der Volksrepublik. Seitdem Xi 2018 die Verfassung ändern ließ, kann er nunmehr auf unbeschränkte Zeit herrschen. Sein Ansehen wird in China von der Parteipropaganda entsprechend gefeiert: »Xi Jinping ist der Hauptbegründer der Ideen über den Sozialismus chinesischer Prägung im neuen Zeitalter.«[1] China geht unter seiner Führung und der Führung der KPCh selbstbewusst seinen eigenen Weg des Marxismus.

Die westlichen Demokratien und Unternehmen haben im Umgang mit dem bekanntermaßen autoritären China unter Xi lange auf möglichst gute Beziehungen gesetzt. Das bedeutete, penibel Rücksicht zu nehmen auf die Befindlichkeiten der chinesischen Regierungsseele und bloß keine Kritik an Xi und seinen Genossen zu äußern.

---

1   Aus der Vorbemerkung der Herausgeber zu Xi (2018).

Bis 2021 proklamierte die dann scheidende Bundeskanzlerin Angela Merkel noch eine so agierende »umfassende strategische Partnerschaft« zu China. Probleme etwa in Menschenrechtsfragen wurden zwar gesehen, doch andere Ziele waren wichtiger. Wirtschaftliche Interessen standen vor allem im Mittelpunkt der Beziehungen und die Hoffnung auf die schier unendlich großen Absatzmärkte. Politisch flankiert wurde diese Aussicht durch das optimistische Postulat vom »Wandel durch Handel«. Wirtschaftlicher Austausch und auch der Austausch von Wissenschaftlern und Studenten möge, so war die lange gehegte Hoffnung, auch zu einer weiteren politischen Öffnung Chinas Richtung Westen führen. Doch im Umgang mit der Regierung Xi zerplatzte nach anfänglichem Optimismus mit der Zeit bei immer mehr politischen Akteuren zusehends der Traum solcher Zuversicht. Nach der Ära Merkel war dann auch in Deutschland Schluss damit. Inzwischen wird auch hierzulande und in anderen freiheitlichen Ländern ganz offen nach solchen neuen Strategien gesucht, die die wirtschaftlichen und politischen Interessen in Einklang bringen könnten.

Die Suche nach einem solch nachhaltigen Strategiewechsel der freiheitlichen Welt im Umgang mit Chinas Regierung hat spätestens nach den Erfahrungen der Pandemie und mit den Sorgen um eine militärische Eskalation im Südpazifik Fahrt aufgenommen. Ein sog. De-Risking als Ausdruck der Sorge vor wirtschaftlicher Abhängigkeit, wie es viele Regierungen nun auf ihre Fahnen schreiben, liegt nun voll im Trend. Eine vollständige Entkoppelung (De-Coupling) von China ist kurz- und mittelfristig dagegen wohl unrealistisch, riskant und auch wirtschaftlich nicht erstrebenswert. Ein Strategiewechsel wird nur dann nachhaltigen Erfolg haben, wenn er die Absichten der chinesischen Regierung versteht. Und dieses Verstehen setzt an bei deren Zielen und Werten. Dazu müssen wir also das Regierungsethos dieses starken Manns an der Spitze der KPCh dechiffrieren. Das ist die Basis zum Verstehen seiner Politik: »Die KP Chinas verstehen bedeutet gleichzeitig auch zu begreifen, welches

Bild die Volksrepublik selbst von sich in der Welt verbreitet und verbreiten will.«[2] Genau dazu will das vorliegende Buch einen Baustein bereitstellen.

Auf dem Gipfel der Asiatisch-Pazifischen Wirtschaftskooperation (APEC) verkündete Xi am 16. November 2023, China verfolge keine hegemonialen Pläne, werde niemandem seinen Willen aufzwingen und strebe weder einen kalten noch einen heißen Krieg an. Diese Aussagen flankierten das dortige Treffen mit US-Präsident Joe Biden und wurden schon als Ausdruck einer wieder neuen Annäherung der beiden Supermächte interpretiert. In der abschließenden Pressekonferenz wurde der US-Präsident dann sogar gefragt, ob er denn Xi jetzt überhaupt noch als Diktator bezeichnen könne. Biden bejahte das zwar, schränkte aber ein, diese Zuschreibung beziehe sich darauf, dass Xi ja an der Spitze eines kommunistischen Landes stehe. Also nicht mehr Xi als Person wird damit so bezeichnet, sondern allein das Amt. Selbstverständlich löst auch das noch keine Freudenstürme in den Schaltzentralen der KPCh aus. Doch der mildere Ton wird dort wohl sehr genau wahrgenommen. Und so gab es, anders als sonst üblich, keine umgehenden Proteste und Zurechtweisungen gegen solches Reden vom »Diktator«. Ist also alles gut im Verhältnis der freiheitlichen Welt zu China? Eine Umfrage der Körber-Stiftung mit dem Pew Research Center im April 2020 ergab, dass 37 % der Deutschen sich ein engeres Verhältnis Deutschlands zu den USA gegenüber China wünschten, während 36 % meinten, Deutschland solle sich mehr an China orientieren als an den USA.[3] In etwa genauso viele Deutsche vertrauten also entweder den USA oder China. Diese Zahlen suggerieren eine gewünschte Äquidistanz. Das sollte uns wohl hellhörig machen, sind doch die USA der wichtigste Verbündete Deutschlands. Sicher hat die Regierung Trump hier man-

---

2   FDP (2023: S. 3).

3   Vgl. Naß (2021: S. 214).

ches an unserem Vertrauen gegenüber den Vereinigten Staaten gekostet. Und wer weiß, ob uns nicht eine weitere Trump-Ära bevorsteht? Dennoch sind im Moment erstmal andere Zeiten: in den USA, in Europa und in der Welt. Die Ergebnisse der Umfrage von 2020 fordern aber dennoch diese zentrale Frage heraus: Ist China unter Xi ein verlässlicher Partner, allen kritischen Diskussionen der letzten Jahre um Menschenrechte, Corona, Lieferketten, Taiwan, Tibet usw. zum Trotz?

Diplomatische Wortspielereien sind nun die eine Seite der Politik. Der saubere Faktencheck ist die andere Seite. Gerade im Verhältnis USA-China gehört es offenbar seit Jahren dazu, Tacheles zu reden. Nur so ließen sich die wirtschaftlichen und politischen Beziehungen überhaupt sinnvoll gestalten. Davon könnten wir lernen. Das stellt auch Elmar Theveßen, Leiter des ZDF-Studios Washington, in seinem Bestseller zum Spannungsverhältnis zwischen den USA und China immer wieder heraus. Tacheles soll auch in dem vorliegenden Buch geredet werden, nunmehr bezogen auf das Verhältnis Deutschlands und anderer freiheitlicher Länder zu Chinas Regierung. Dazu richtet sich der Blick zuerst auf Xi Jinping und seine dem Tagespolitischen vorausliegende Werteagenda. In der Suche nach den ethischen Fundamenten, die sein Denken und Handeln leiten, hilft eine Wohlfühlrhetorik nicht weiter. Nebel ist in solchen Diskussionen über Jahre hinweg genug verbreitet worden, um die tatsächlichen Motive zu verbergen. Jetzt gilt es, die vorliegenden ethischen Fakten auf den Tisch zu legen. Sie sind die notwendige Grundlage für eine neue Strategie, will eine solche nachhaltige Wirkung erzielen.

1
Strategie jenseits von De-Risking

Deutschland, Europa und andere Länder des freiheitlichen Westens sind gerade auf der Suche nach einem verantwortbaren Umgang mit der chinesischen Regierung. Kann man ihr trauen? Was ist wahr an den schönen Absichtserklärungen? Was ist Strategie? Und wo finden sich möglicherweise auch kalkulierte Täuschungen? Hier Tacheles auch zu verstehen, ist Voraussetzung für die Suche nach einer neuen und verantwortbaren Strategie, die ja nun in aller Munde ist. Genau dazu will dieses Buch beitragen, durchaus auch zugespitzt und doch fair, aber nicht diplomatisch verwässert, um so allen irgendwie Betroffenen nach dem Munde zu reden.

Warum suchen alle nun so eifrig nach einer neuen Strategie? Jeder, der den rasanten wirtschaftlichen Aufstieg Chinas in den letzten Jahrzehnten aufmerksam verfolgt hat, dem ist sofort klar, dass im Reich der Mitte nicht einfach die Fehler europäisch-sozialistischer Planwirtschaften wiederholt wurden und werden. Die dunklen Zeiten Maos und seiner Kulturrevolution mit Millionen Opfern und größter Armut sind vorbei. Im Inland konnte der Hunger bekämpft werden. Und die jetzt zu beobachtende weltweite Expansion der wirtschaftlichen wie politischen Einflusssphären Chinas ist atemberaubend. Diese Erfolgsgeschichte gründet in einem Paradox: der sog.»Sozialistischen Marktwirtschaft«, wie sie sogar in der Verfassung Chinas kodifiziert ist.[4] Machen wir uns dabei nichts vor: Diese Spielart von Marktwirtschaft steht fest auf den Fundamenten des Marxismus-Leninismus sowie der absoluten Herrschaft der Partei

---

4   Vgl. Nass (2023).

und ihres autoritären Führers. Sie ist deshalb keine Marktwirtschaft in unserem Sinne. Die in Europa und Nordamerika allzu lange gehegten Hoffnungen auf eine zunehmende Verwestlichung Chinas haben sich nicht erfüllt. Das Prinzip »Wandel durch Handel« ist gescheitert.[5] Die Entwicklung geht gerade ins Gegenteil. »Inzwischen hat eine große Desillusionierung eingesetzt. Mit dem Machtantritt Xi Jinpings begann eine linke Restauration. Der Rückfall in die Diktatur hat das Gegenmodell China gründlich in Misskredit gebracht.«[6], resümiert der ZEIT-Korrespondent Matthias Naß ernüchtert.

Xi Jinping sieht in China sowohl wirtschaftlich wie politisch und militärisch das erfolgreiche und überlegene Gegenmodell zu westlichen Demokratien und Marktwirtschaften. Xi tritt in diesen Wettbewerb der Systeme ein, um zu gewinnen. Zunehmend offensiver fordert er ein, die Weltordnung müsse neu nach chinesischen Regeln sortiert werden. China will und soll dieser Vision entsprechend darin die ihm zukommende Führungsrolle übernehmen. Das bedeutet Hegemonie und widerspricht den schönen Worten auf dem APEC-Gipfel und anderswo. Gleiches gilt für die Friedensbeteuerungen. Denn von Xi wird immer wieder und ganz offen von militärischen Drohungen Gebrauch gemacht, etwa gegenüber Taiwan. Und Gewalt findet sich ebenso in der politischen Ausnutzung von Abhängigkeiten etwa im Bereich der sog. neuen Seidenstraße, der offenen Wettbewerbsverzerrungen zugunsten chinesischer Staatsbetriebe oder der aggressiven Zurückweisung westlicher Menschenrechtsappelle. Philippinische Inseln werden annektiert und zu Militärbasen im Südpazifik ausgebaut. China blockiert philippinischen Fischern gewaltsam den Zugang zu den ihnen zustehenden Fanggründen. Das alles lässt zunehmend westliche Regierungen aufschrecken. Und jetzt suchen sie nach den vermeintlich goldenen Jahren schier endlos wachsender

---

5   Vgl. Theveßen (2022: S. 61).
6   Naß (2021: S. 282f.).

chinesischer Absatzmärkte nach neuen Strategien für einen ebenso klugen wie verantwortlichen Umgang mit dem neuen Riesen in Fernost. Manche Wirtschaftsvertreter, die selbst im Chinageschäft engagiert sind, warnen nun vor einer allzu drastischen Abwendung. Wohlstand, Arbeitsplätze und natürlich auch Renditen seien dadurch auch hierzulande gefährdet. Diese Sorgen verdienen Gehör. Denn sie warnen zurecht vor übereilten Reaktionen, die wir später einmal teuer bezahlen und bereuen könnten. Dazu mischen sich aber auch manche fragwürdigen Stimmen, die selbst eng politisch oder wirtschaftlich mit China verflochten oder gar abhängig sind. Sie verfolgen mit ihren vorgebrachten Argumenten letztlich verdeckt eine von der KPCh gelenkte Agenda.

Legen wir nun aber mit freiheitlicher Brille ehrlich eine langfristige, auch wirtschaftliche, Perspektive an, so wendet sich schnell das Blickfeld. Denn zumindest den Argumenten eines »Einfach-Weiter-So« im China-Handel geht schon bald die Puste aus: spätestens dann, wenn China durch staatsfinanzierte Betriebe und Unternehmen die ausländischen Konkurrenten auf den Märkten zunehmend verdrängt, und zwar nicht nur auf den einheimischen, sondern auch den internationalen Märkten. Genau das ist das erklärte Ziel der chinesischen Führung. Spätestens ein solches Szenario wirkt düster auch für diejenigen, die jetzt noch die Chancen des China-Handels feiern. Und das ist keine Schwarzmalerei. Denn entsprechende Vorbereitungen laufen auf chinesischer Seite ja schon länger auf Hochtouren. Das beweisen etwa auch der weltweite Erwerb von Schlüsselindustrien, innovativen Unternehmen und Infrastruktur.

Doch nicht etwa diese schon lange voranschreitende hegemoniale Strategie Chinas oder die weltpolitischen Ambitionen, geschweige denn die fortlaufenden Menschenrechtsverletzungen und die perfektionierte Kontrolle der Bevölkerung, haben die westlichen Länder hinreichend aufschrecken können. Auch nicht die öffentlich immer wieder erklärten Ziele Xis, die westliche Kultur von der

Wurzel her zu zersetzen und deren überaus wirksame Umsetzung durch Einkäufe und Einflussnahme in westliche Radiosender und daraus resultierende Einflussnahme, Filmproduktionen, die Infiltration westlicher Parteien und Hochschulen und die gezielt betriebene Erodierung religiöser Fundamente. Xi führt schließlich einen Kampf der Systeme gegen die westlichen Werte.[7] Das erklärte und lange in der freiheitlichen Welt überhörte Ziel von ihm und seiner Politik ist es,

> » die Werte eines Landes, seinen Nationalgeist, seine Moral, seine Ideologien, seine kulturellen Traditionen und seine geschichtlichen Überzeugungen zu manipulieren und es zu ermutigen, sein theoretisches Verständnis, sein Sozialsystem und seinen Entwicklungspfad aufzugeben.[8]

In den USA wird diese fundamentale kulturelle Bedrohung schon gesehen und ernst genommen. Eine intensive Erforschung dazu nimmt gerade Fahrt auf.[9] Es geht dabei um nicht weniger als um die Gefahren einer solchen inneren ideologischen Zersetzung der freiheitlichen Welt, die auf allen Bereichen greifen soll: so etwa durch die sinisierende Infiltration der Wissenschaft, die Hoheit über Medien, Film und Kommunikation, die Indienstnahme von Politikern und Unternehmern, die innere Aushöhlung der Religion, die Schwächung nationaler wie persönlicher Identität und angestammter Werte und Moral. Etwa einen James Bond-Film mit chinesischen Bösewichten wird es so lange nicht geben, wie der chinesische Arm der Zensur bis in die entsprechenden Filmstudios reicht. Zahlreiche »Erfolge« der Einschüchterung, Zensur und Zersetzung sind auch bei uns in Deutschland sichtbar. Wohl sind diese nicht alle ausdrück-

---

7   Vgl. Naß (2021: S. 74).
8   Theveßen (2022: S. 102) zitiert so den einflussreichen Professor Zeng Huafeng von der Nationalen Universität für Verteidigungstechnologie.
9   Vgl. Beauchamp-Mustafaga (2023).

lich auf eine chinesische Intervention zurückzuführen. Sicher können wir aber sein, dass sich Xi und seine Genossen darüber freuen, wenn die individuellen, sozialen und ethischen Resilienzpotentiale in den freiheitlichen Demokratien zunehmend erodieren. Mit Menschen und Staaten ohne starke Moral, Familien, Religion und auch ohne andere wirksame Ankerpunkte von Identität lassen sich die globalen chinesischen Ziele bedeutend leichter durchsetzen. Denn mit Widerstandskraft dagegen ist dann immer weniger zu rechnen.

Die USA sehen in China vor allem auch einen geopolitischen Rivalen zumindest im Südpazifik.[10] Diese Region ist von Europa weit entfernt. Die Gründe für ein notwendiges Umdenken der Strategie sind hierzulande deshalb auch anders motiviert. Das Offenbarwerden von Internierungslagern für Uiguren in der chinesischen Provinz Xinjiang, die gewaltsame Unterdrückung der Freiheitsproteste in Hongkong oder die chinesischen Schmähungen gegenüber Litauen, das sich 2021 mutig zu Taiwan bekannte, haben da sicher etwas bewegt. Die Parole »Ein Land, zwei Systeme«, mit dem China den freiheitlichen Status von Hongkong und Macao propagierte, ist nun ganz offensichtlich gescheitert. Spätestens in Hongkong sind wir nun eines Besseren belehrt worden, wie Xi es tatsächlich auslegt: mit Vertragsbruch, der gewaltsamen Unterdrückung von freiheitlicher Demokratie und anschließend schrittweise devoter Eingliederung in das kommunistische Parteisystem. Die Parole gilt heute als werbend propagandistische Überschrift für den vermeintlich friedlichen Anschluss des demokratischen Taiwans an die Volksrepublik. Dies ist eines der zentralen Ziele der Regierung Xi. Mit Blick auf Taiwan sollte nun jedem klar sein, welches Schicksal die Insel nehmen wird, schlösse sie sich dem Festland unter der wohlklingenden, aber trügerischen Formel an. Weitere Täuschungen haben viele Gutgläubige oder Profiteure zu lange verfangen. Die mit dem Projekt

---

10   Vgl. Naß (2021: S. 191) sowie ders. (2023).

der Seidenstraße gemachten Versprechungen gegenüber anderen Ländern wurden weitgehend enttäuscht. Die damit zuschnappende Schuldenfalle war von Xi ebenso beabsichtigt wie von außen vorhersehbar. Manche dieser Länder wenden sich deshalb inzwischen schon von China ab, wenn sie es denn wirtschaftlich können. Täuschung schafft keine Freundschaften.

Bisher vielleicht zu blind geschenktes Vertrauen gegenüber Xi und seiner Partei wurden so immer mehr zerstört. Dennoch ist der entscheidende Weckruf für einen notwendigen Strategiewechsel wohl eher wirtschaftlicher Natur gewesen. Das zunehmend aggressive chinesische Aufkaufen von sensibler europäischer Industrie und Infrastruktur hat die bis dahin noch zu naiv gebliebenen Geister hierzulande wachgerüttelt. Exemplarisch stehen in Deutschland dafür etwa der chinesische Aufkauf des erfolgreichen Augsburger Robotik-Herstellers Kuka im Jahr 2016 oder der Ankauf am Hamburger Hafen durch die chinesische Reederei Cosco im Frühjahr 2023. Oder auch die hitzigen Diskussionen um den wachsenden Marktanteil des Telekommunikationsriesen Huawei im deutschen 5G-Netz. Diesen Zugang der Chinesen hatte Angela Merkel noch gegen Warnungen aus der eigenen Partei und aus den USA stark gefördert und ermöglicht. Nun wird er eingeschränkt, aber nicht verboten.

Ab 2018 jedenfalls setzte hierzulande zaghaft ein erstes vorsichtiges Umdenken in der deutschen Regierung ein. Der damalige Bundeswirtschaftsminister Peter Altmeier warb plötzlich für eine Förderung von europäischen Champions, statt blind auf chinesische Firmen und deren leere Versprechen zu setzen und wichtige Produktion weitgehend nach China zu verlagern. Die Stimmung kippte vor allem aber durch die offen zutage tretenden Mangelerfahrungen in den Pandemiezeiten der Corona-Krise. Lieferketten bekamen Brüche und knappe Güter waren plötzlich nicht mehr verfügbar. Der Blick richtete sich auch hinsichtlich der bis heute dubiosen Ursachen des Corona-Virus nach China. Sorge betraf und betrifft vor allem pharmazeutische Produkte sowie Rohstoffe wie die sog. seltenen Erden, die für modernste Elektronik benötigt werden. Solche Abhängigkeiten von China sind, das wurde nun für jeden offensichtlich, zu lange unterschätzt worden. Dabei sind sie keineswegs bloß wirtschaftlicher Natur. Wirtschaftliche Macht und Abhängigkeiten sind für Xi Instrumente politischer Einflussnahme und Einschüchterung. Solche »Geoökonomik«[11] erlaubt es Chinas Regierung, politischen Druck auszuüben, so dass Menschenrechtsverletzungen im eigenen Land, nationalistischer Totalitarismus und Überwachungsstaatlichkeit in China von außen nicht mehr oder wenn dann nur noch sehr verhalten kritisiert werden. Abhängigkeit von China ist also mit einem Maulkorb verbunden, damit die KPCh möglichst unliebsame Stimmen nicht nur im eigenen Land, sondern auch von außen mundtot macht. Wer es dennoch wagte, solche kritischen Stimmen zu erheben oder sich gar auf die Seite Taiwans, der Freiheitsbewegung in Hongkong, Tibets und des Dalai Lamas, von Dissidenten, der in Umerziehungslagern internierten Uiguren oder der katholischen Untergrundkirche zu stellen, der bekam und bekommt schnell die schmerzhaften Daumenschraube solcher Abhängigkeiten zu spüren.[12] Drohungen, Einschüchterungen, Repression, Inhaftierung, Verschleppung und andere schmerzliche Gegenmaßnahmen durch die chinesische Regierung und Propaganda sind die sichere Folge. Europa hat lange gebraucht, diese eigenen Verstrickungen offen und selbstkritisch ins Visier zu nehmen. Letztlich mussten aber wohl vor allem die wirtschaftlichen Konsequenzen solcher Verflechtungen Europa aufwecken. Spät, aber hoffentlich noch nicht zu spät.

---

11   Vgl. Tofall (2023).

12   So sollten etwa Australien, Norwegen oder Litauen nach sog. Verletzungen solcher chinesisch-patriotischer Gefühle zum Umlenken genötigt werden. Vgl. Theveßen (2022: S. 16), Naß (2021: S. 183ff.). Auch Angela Merkel bekam es zu spüren, nachdem sie den Dalai Lama empfangen hatte.

Ein De-Risking, also eine Risikobeseitigung, haben die sog. »G7-Staaten« im Sommer 2023 auf ihrer Konferenz in Hiroshima ausgerufen.[13] Das steht immerhin für einen erkennbaren Kurswechsel. Neue Handelspartner sollen gesucht und Abhängigkeiten von China reduziert werden. Dass es dazu vor allem auch eine eigene moralische Freiheitsvision solcher Politik gäbe, wäre wünschenswert. Doch die Gründe des Umdenkens lassen anderes vermuten: Am Ende geht es (noch) nicht um Ideale, Menschenrechte oder Demokratie, sondern um die Verteilung knapper Ressourcen, also um Marktanteile. Das sind fraglos legitime und gewichtige Argumente. Denn ein funktionierender Markt sorgt ja auch dafür, dass knappe Ressourcen nicht verschwendet werden. Das ist auch in globaler Perspektive ein ethisch legitimes Anliegen. Doch weltweit sind solche Mechanismen ja gerade durch China schon lange außer Kraft gesetzt, wo Abhängigkeiten wirtschaftlich ausgenutzt werden, wo Handelsverträge nicht auf Augenhöhe geschlossen werden, wo Staatssubventionen den Wettbewerb verzerren und Informationsgefälle sowie rechtliche Schlechterstellung ausländischer Anbieter die Regel sind. Immerhin gibt es aber auch in Deutschland inzwischen ein neues Problembewusstsein mit breiter politischer Rückendeckung. Doch es greift noch viel zu kurz, wenn Ursprung und Ziel des Kurswechsels vor allem ökonomisch getrieben sind. Eine nachhaltige Neuausrichtung der China-Politik muss auf einem breiteren, auf einem Wertefundament stehen, erst recht dann, wenn es für sich einen solchen ethischen Anspruch öffentlich reklamiert, also wenn Menschenrechten u. a. ins Feld geführt werden. So braucht es eine ausdrücklich moralische Sensibilität für die große Herausforderung, die Xi Jinping der westlichen Welt zumutet: Und dabei geht es nicht nur um Markt und Strategie, sondern um seine politischen Visionen, sein Selbstverständnis, sein Menschen- und Gesellschaftsbild, das in China mehr und mehr Realität wird und zugleich eine globale Vor-

---

13   Vgl. o.V. (2023).

Dar. 1: Die zentrale Grundlage für die Analyse des politischen Selbstverständnisses von Xi Jinping bildet die inzwischen vierbändige Ausgabe seiner offiziellen Reden und Schriften.

bildrolle beansprucht. Diese herausfordernde Vision kann uns nicht kaltlassen. Sie geht uns alle an. Um uns ihr zu stellen, müssen wir Demokraten und die entsprechenden Verantwortlichen in Politik und Wirtschaft sie vom Ursprung her verstehen. Es muss also Tacheles gesprochen und verstanden werden. Ökonomisch getriebenes De-Risking ist eine zu oberflächliche Verlegenheit. Eine nachhaltige China-Strategie, die bisher fehlt, muss viel tiefer ansetzen. Sie muss verstehen, aus welchen normativen Quellen und mit welchen Zielen Xi sein Land regiert und wohin er China und die Welt führen will. Dazu braucht es also eine tiefgehende sozialethische Analyse. Sie erst ist die tragfähige Grundlage für eine ebenso kluge wie verantwortlich-verantwortbare Strategie. Nicht mehr und nicht weniger ist der Anspruch dieses Buches.

2
Das Regierungsethos von Xi Jinping

Unter der Führung von Xi Jinping verschiebt China Schritt um Schritt die Machtverhältnisse der Weltordnung, sei es durch neue, machtvolle Bündnisse (z. b. BRICS+ = Staatenbund von Russland, Brasilien, Indien, China, Südafrika und neuen Partnern, RCEP = Regional Comprehensive Economic Partnership, u. a.), sei es durch internationale wirtschaftliche Verflechtungen (z. B. die sog. neue Seidenstraße) oder durch offensiv vertretene militärische Ansprüche (Taiwan, Südpazifik), durch Einschüchterungen und Drohungen. Und das folgt alles einem großen, wohldurchdachten Plan in Peking. Was die Gründe für eine solche Entwicklung sind und welche Chancen und Risiken mit einer solchen Verschiebung verbunden sein mögen, dazu gibt es schon reichlich an politischer, ökonomischer oder sozialwissenschaftlicher Literatur. Doch welche Wertegrundlagen und ethische Motive dieser erhofften Renaissance chinesischer Größe zugrunde liegen, das wurde bisher noch nicht hinreichend beleuchtet. Eine solche Lücke soll mit diesem Buch geschlossen werden. Solche Erkundung ist die Aufgabe einer sozialethischen Untersuchung, die hier nun angegangen werden soll. Vor uns liegt dabei ein großer, bislang kaum bestellter Acker. Die Abhilfe bei der Bestellung aber liegt auf der Straße bzw. im Bücherregal. Denn auf bislang rund 2.800 Seiten erfahren wir aus erster Hand das Selbstverständnis der aktuellen Führung: »China regieren« – wie das geht, das bringen uns unter dieser Überschrift vier umfangreiche Bände mit Reden, Redeausschnitten, Grußadressen u. a. programmatischen Texten von Xi Jinping ganz unmittelbar nahe. Bessere Quellen kann es doch nicht geben, um daraus die grundlegenden Werte dieser Regierung möglichst unverfälscht und aus erster Hand zu sichten und zu deuten. Sie sind hier für diesen sozialethischen Streifzug die wichtigsten Werkzeuge, um den Acker von den Wertewurzeln her zu bestellen und gute Früchte für einen verantwortlichen Umgang der westlichen Welt mit China einzufahren.

Eine solche gründliche sozialethische Betrachtung zum Regierungsverständnis und -ethos von Xi und damit der wieder neuen Weltmacht China ist also Thema des vorliegenden Buches. Nur damit können wir die dort vertretenen sozialen Werte, das zugrundeliegende Menschen- und Gesellschaftsbild verstehen, auf dem das Selbstverständnis des aktuellen Regierungshandelns gründet. Solche Wertefundamente aufzudecken, offenbart die Seele der Politik, die im Sinne des großen Führers der Volksrepublik alle gesellschaftlichen Bereiche im Inneren wie in den Beziehungen nach außen bestimmt. Aufgabe der Sozialethik ist es hierbei, diese Seele offenzulegen, sie normativ einzuordnen, sie nach ihrer inneren Stimmigkeit zu befragen und auf der Grundlage unserer eigenen Wertevorstellungen auch kritisch zu bewerten. Die Sozialethik entschlüsselt damit hinter den schon bunten Fassaden der politischen, historischen, ökonomischen, gesellschaftlichen und vieler anderer wichtiger Analysen, die zu Chinas Aufstieg und neuer Rolle in der Welt angestellt wurden und werden, die Tür zur DNS der Motive, Strategien und Ziele der chinesischen Regierung unserer Tage. In der Biologie ist die DNS das Erbgut eines Lebewesens. Sie zu decodieren, bedeutet, jenseits der Oberfläche des unmittelbar Sichtbaren die tieferen Hintergründe für äußere Erscheinung, Verhaltensmuster, Krankheiten etwa eines Menschen oder Tieres zu verstehen. Übertragen auf eine Ideologie wie das Regierungsethos von Xi Jinping ist die DNS also der genetische Code, der oft unsichtbar die Verhaltensmuster, Stärken und Schwächen, Empfindlichkeiten und Entwicklungspotentiale dieses Regierungshandelns bestimmt. Einen Baustein für das Entschlüsseln will bereits meine kleine ordnungsethische Studie zur sog. »sozialistischen Marktwirtschaft« Chinas leisten, in der drei konkurrierende

Werteperspektiven zuerst schrittweise systematisch erschlossen werden, um diskursiv mit deren Hilfe den Versuch einer entsprechenden Ordnungsethik zu wagen.[14] Dort wurde auch schon in wesentlichen Teilen auf einige Originaltexte von Xi Jinping zurückgegriffen. Damit ließ sich das Paradox »sozialistischer Marktwirtschaft« entschlüsseln und entzaubern, welches eine Facette der DNS, sozusagen der geistigen und wertebasierten »Erbsubstanz« des Systems offenlegt.

Mit diesem neuen Buch wird nun ein etwas anderer Zugang gewählt, der noch konzentrierter und ungetrübter in die Tiefen der chinesischen Regierungsseele vorstoßen will. Der Ansatz dazu ist nunmehr das intensive Studium der uns bereits vorliegenden Primärquellen, also vor allem dieser 2.800 Seiten mit Original-Xi-Texten. Bevor diese und jene Sekundärliteratur mit ihrer je eigenen Perspektive und Deutung zurate gezogen wird, müssen zuerst diese Xi-Texte nach ihrem sozialethischen Gehalt befragt, analysiert und bewertet werden. Diese Grundlagen werden hier gelegt. Eine solche fundamentale DNS-Analyse ist nur möglich, weil der chinesische »Verlag für fremdsprachige Literatur« im Auftrag des Zentralkomitees der KPCh uns diese übersetzten Quellensammlungen vorlegt. Das staatliche chinesische Interesse dieser Publikationen besteht offenbar darin, das Gedankengut zum Regierungsverständnis von Xi Jinping international möglichst weit zu verbreiten: »damit auch die internationale Gemeinschaft den Hauptinhalt dieser wichtigen Ideen erfassen und besser nachvollziehen kann, warum die KP Chinas das alles schaffen kann und warum der Marxismus machbar und der chinesische Sozialismus vorteilhaft ist«.[15] Die Sammlung soll also – zweifellos auch mit einem ideologisch-missionarischen Interesse – zugleich den fremdsprachigen Lesern dazu dienen, das Regierungshandeln Chinas heute besser zu verstehen, auch wenn man der chinesischen

---

14   Naß (2023)
15   Aus den der Vorbemerkung des Herausgebers zu Xi (2021).

Sprache nicht mächtig ist. Ein durchaus selbstbewusster Anspruch. Die Übersetzung ist, unabhängig von dem werbenden Interesse von Verlag und Herausgebern, auch eine beachtliche Leistung im Dienst der internationalen Wissenschaft. Sie soll deshalb entsprechend gewürdigt werden. Denn sie lädt ein, in die Gedanken- und Wertewelt des starken Mannes Chinas einzutauchen, der im Reich der Mitte seit über zehn Jahren machtvoll die Zügel in der Hand hält. Anders als es wohl das Zentralkomitee beabsichtigt, geht es hierbei in diesem Buch aber natürlich nicht um eine staunende Huldigung der Verdienste von Partei und überragendem Führer, sondern um eine ebenso neugierige wie kritische Analyse und Kritik.

3
Wege zu einer verantwortbaren Antwort

Ich möchte Sie als Leserinnen und Leser nun also mit auf eine solche spannende Erkundungseise in die bisweilen verborgenen ethischen Fundamente aktueller chinesischer Politik unter Xi Jinping nehmen. Es ist ein Weg über Analyse und Wertung, der sicher nicht unwidersprochen bleiben wird. Das haben Interpretationen und Positionierungen ja so an sich. Wenn Sie mögen, nehmen Sie die dicken Bücher mit den Texten Xis zur Hand und bilden sich selbst eine Meinung. Ich hoffe, dass Sie dann viele Parallelen zu den Thesen in diesem vorliegenden Buch wiederfinden. Und selbst wenn Sie am Ende zu anderen Schlüssen kommen mögen, ist mir das eine Freude. Denn vom Austausch auch unterschiedlicher Positionen und Einschätzungen lebt ja gerade unsere Demokratie. Wir brauchen dringend einen solchen ehrlichen Austausch gut begründeter Analysen und Bewertungen, um Schritt für Schritt eine langfristig tragfähige Chinakompetenz zu entwickeln.

Die gewagte Reise dieses Buches wird über vier Teilabschnitte gehen. Am Anfang steht in Teil I eine kurze Vorstellung der gewählten Methode. Wem das zu theoretisch erscheint, der mag das gerne kurz überfliegen. Es folgt in Teil II die eigentliche Analyse der Texte. Sie versteht sich zuerst als eine hilfreiche Heuristik, aus den zahllosen Einzelquellen in den vier dicken Büchern die zentralen, sozialethisch relevanten Inhalte herauszufiltern, sie miteinander sinnvoll in Beziehung zu setzen und daraus den Rahmen für eine stimmige Systematik zu entwerfen. Damit kann die ethische DNS dessen vorgestellt werden, was Xi darunter versteht, China zu regieren – auch mit den globalen Folgen. Dies ist dann das Ergebnis der Analyse. Anschließend folgt in Teil III eine Kritik. Die in der Analyse vorgelegte Systematik wird darin auf ihre ethisch relevanten Konsequenzen für Mensch und Gesellschaft sowie auf ihre innere Stimmigkeit überprüft. Es kann so eine erste sozialethische Bewertung der DNS erfolgen. In Teil IV wird dann in drei aufeinander aufbauenden Runden danach gefragt, welche verantwortbaren Strategien für eine freiheitliche China-Politik der Zukunft für Deutschland u. a. Länder nun in Frage kommen. Kritisch gewürdigt werden dazu bereits vorliegende Antworten von Regierung, Parteien und China-Kennern. Es wird hier eine freiheitlich-westliche Werte-Brille aufgesetzt, die vor allem durch Christentum und Aufklärung geprägt ist. Bezeichnet wird damit eine Perspektive, aus der heraus ein Entschlüsseln bzw. Decodieren der DNS versucht wird. Von diesem Standpunkt aus erfolgt also das Verstehen von Verhaltensweisen, Ansprüchen, Visionen u. a. Diese eingenommene Perspektive ist natürlich nur eine mögliche Werte-Brille von vielen. Sie gewinnt ihre Legitimation daraus, dass sie mit ihren normativen Grundlagen wesentlich für unser gesellschaftliches Verständnis von Mensch und Gesellschaft verantwortlich ist. Selbst unser säkularer Staat lebt von solchen vorpositiven Grundlagen, die er nicht aus sich selbst hervorzubringen vermag. Am Ende können dann als Empfehlung vier Schritte für eine nunmehr verantwortbare freiheitliche Antwort vorgeschlagen werden. Sie wollen und sollen zur weiteren Diskussion ermutigen und herausfordern, damit wird der Ausblick schließen.

Die hier gewagte Pionierarbeit versteht sich als eine einladende Sondierung. Sie legt die Wertegrundlagen zum gegenwärtigen Regierungsverständnis Chinas mithilfe der wesentlichen Primärquellen offen und bewertet diese sozialethisch. Sie stößt damit auch das Tor für immer tiefer gehende Analysen und normative Interpretationen auf, die den hiermit bestellten Acker noch weiter bebauen und noch reichere Ernte einfahren lassen können und sollen. Die Beschäftigung mit bislang rund 2.800 Seiten Textquellen klingt dabei zunächst abstrakt, ermüdend und spröde. So will ich auch nicht verschweigen, dass die Lektüre dieser zahllosen Texte manche Längen und natürlich auch inhaltliche Wiederholungen mit sich brachte. Von all dem soll der Leser in meinem Buch verschont bleiben. Denn es geht hier ja nicht um eine Zusammenfassung der wesentlichen Inhalte der bisherigen vier Bände oder etwa deren Rezension. Auch nicht um eine politische Mobilmachung für oder gegen China. Vielmehr hilft die hier nun aufgesetzte ethische Brille bei der Analyse und Kritik als normativer Filter, um die Seele, also die DNS der chinesischen Machtansprüche, zu entschlüsseln und sich dazu eine gut begründete persönliche Meinung zu bilden. Sie könnte dann auch eine sozialethische Lesehilfe für Ihr eigenes Quellenstudium sein, wenn Sie dafür Feuer gefangen haben.

Es muss für den Aussagewert dieses Buches natürlich einschränkend eingestanden werden, dass darüber hinausgehende praktische Erfahrungen in China eine weitere unverzichtbare Ressource sind, das Regieren Chinas auch normativ in angemessener Vielfalt und Tiefe zu verstehen. Leider wird mir diese Möglichkeit wohl nicht mehr offenstehen, da bekanntlich kritische Stimmen zu Partei und deren Führung in China unerwünscht sind. Deshalb bleibt hier also zunächst diese Arbeit mit den Textquellen wie der persönliche Austausch mit Experten. Der Abgleich der gesprochenen und geschriebenen Worte des starken Mannes Chinas an der gelebten Praxis in der Partei, in der Wirtschaft, der Kultur, den Universitäten, dem Militär, den nationalen und internationalen Gesprächspartnern, in seinem Privatleben u. a. muss selbstverständlich ein notwendig folgender Forschungsschritt sein: etwa im Rahmen von teilnehmenden Beobachtungen in verschiedenen gesellschaftlichen Kontexten oder in Befragungen. Solche Erfahrungsschätze fließen hier bei der Erstellung der Lesehilfe leider noch nicht mit ein. Dieser Mangel begrenzt zweifellos den Aussagewert der vorliegenden Untersuchung. Hiermit finde ich mich aber in guter Gesellschaft etwa mit Elmar Theveßen, der die jeweiligen Strategien und Ziele im Verhältnis zwischen den USA und China messerscharf auslotet.[16] Das nun vor uns liegende Eintauchen in die Ethik der Quellentexte ist, davon bin ich überzeugt, zumindest in einem phänomenologischen Sinne ein legitimer und sogar notwendiger Zugang, um Wahres über das Regierungsverständnis von Xi Jinping aussagen zu können. Die Phänomenologie geht ja gerade davon aus, dass das Verstehen komplexer Zusammenhänge perspektivische Zugänge erlaubt. Jede solcher Sichtweisen, wenn sie sauber begründet ist, kann dann einen eigenen Ausschnitt der Komplexität entziffern und damit Wahres erkennen. Unterschiedliche Perspektiven ergänzen sich und tragen dann weitere Mosaiksteine dieser Wahrheit zusammen. Die in diesem Buch vorgenommene Perspektivität ist sich also ihrer Grenzen der Erkenntnis bewusst. Sie ist zugleich selbstbewusst genug, um zu behaupten, dabei Wahres erkennen zu können.

Diese Untersuchung hat also, so meine ich, eine Menge zu bieten und Wahres zu sagen. Xi (2018: S. 671)[17] verweist auf einen alten chinesischen Sinnspruch aus Xunzi:»Ein guter Gelehrter versteht sich darauf, das Wesen der Sache zu erfassen; ein guter Praktiker weiß, die bestehenden Schwierigkeiten richtig einzuschätzen.« Die ihm zugesprochene Aufgabe dieses Gelehrten ist der phänomenologisch legitimierte Anspruch meines Buches. Sie erschließt die Fülle der vorliegenden Quellensammlungen für einen Zugang sozialethischer Diskussion. Sie verspricht zugleich einen ersten vertieften Einblick zumindest in das proklamierte Selbstverständnis der Werte-DNS, wie China heute von Xi regiert wird und wohin er es führen

---

16   Vgl. den Hinweis bei Theveßen (2022: S. 18).

17   Aus den vier Bänden mit den Primärquellen der Reden, Redeausschnitte, Grußadressen u. a. Texte von Xi Jinping wird hier und im Folgenden unter Hinweis auf den jeweiligen Band mit Erscheinungsdatum des Bandes und auf die entsprechenden Seitenzahlen zitiert. Das dient einer Vereinfachung in der Darstellung der Quellenlage, da sich in den Bänden knapp vierhundert Einzeldokumente finden, deren jeweilige einzelne Benennung hier andernfalls den Rahmen des Literaturverzeichnisses sprengen würde.

will. Das ist die maßgebliche Referenz auch für alle sich darauf beziehenden qualitativen oder quantitativen Studien, die folgen mögen und müssen. So wird das Tor geöffnet für entsprechende Praxisstudien, die das hier angestoßene Verstehen dieser DNS bestätigen, vertiefen, hinterfragen oder korrigieren können und sollen.

Keineswegs sollte eine solche normative China-Forschung allein denen überlassen werden, die einseitig die Brille der chinesischen Parteiführung aufsetzen, um deren Politik schönfärbend zu erklären. Das gilt etwa für KP-treue Auslandschinesen, die an renommierten westlichen Universitäten lehren und dort mit ihrer von der KPCh gesteuerten patriotischen Agenda ein einseitig positives China-Bild im Sinne der Partei zeichnen, etwa beim Blick auf Wirtschaft, Gesellschaft, auf Menschenrechte, Taiwan, Tibet, Hongkong oder auf die Bewertung der aktuellen Parteiführung. Zahlreiche Lehrbücher und Publikationen solcher Wissenschaftler an renommierten westlichen Universitäten erfreuen sich auch international großer Beliebtheit, vermitteln sie doch den Eindruck einer objektiven Innenansicht, die einer Außenperspektive wie der meinen meilenweit überlegen sei. Gleiches beanspruchen Forscher aus westlichen Ländern, die zugleich Lehrstühle oder Dozenturen an den staatlich überwachten chinesischen Universitäten innehaben. Sie verfügen zweifellos über eine Innensicht. Doch das allein garantiert keineswegs ein tieferes oder gar objektives Verstehen der dort unterstellten Wertegrundlagen. Denn wer an einer chinesischen Universität lehrt, muss von der Partei zugelassen werden und deren Linie vertreten und verbreiten. Chinesische Hochschulen gelten bekanntermaßen als Orte der Anpassung, Kontrolle von Forschung und Lehre und des Denunziantentums.[18] In China besteht aber, so sagt es Xi selbst mehrfach, keine Freiheit der Wissenschaft. So gilt es also in der Auswahl der China-Experten sehr aufmerksam zu sein, um nicht in die Falle einer

---

18   Vgl. Naß (2021: S. 114f.).

Dar. 2: Phänomenologischer Zugang – Perspektiven zur Wahrheit

parteigelenkten Wissenschaft oder Einschüchterung zu tappen, die propagandistisch gefärbt ist. Die Infiltration westlicher Universitäten und die Indienstnahme westlicher Wissenschaftler gehört zur ausdrücklichen Strategie der chinesischen Führung unter Xi. Deshalb ist gerade auch äußerste Vorsicht geboten bei manchen geäußerten Meinungen und Recherchen, die von gelenkten Forschern mit den chinesischen (Zweit-)Professuren geäußert und publiziert werden. Hierunter gibt es sicher auch viele hervorragende Wissenschaftler. Doch muss hier sehr sorgfältig die Spreu vom Weizen getrennt werden. Denn die Forschung ist dort nur unter der patriotischen Lupe der Partei erwünscht. Unter dieser Rücksicht müssen manche Bewertungen derer, die die vermeintliche Überlegenheit ihrer Expertise aus ihrer Abhängigkeit von Staat und Partei ableiten, doch auch sehr skeptisch wahrgenommen werden.[19] Es braucht eben viele Perspektiven auf diese eine DNS. Und die von mir hier eingenommene Außenperspektive, die sich auf das Studium der Werke des großen

---

19   Vgl. Theveßen (2022: S. 251).

Führers Xi Jinping stützt, spielt dabei aus der Sicht wissenschaftlicher Redlichkeit eine zentrale Rolle unter vielen. Ausdrücklich und ausführlich habe ich dazu in meinem ersten China-Buch auch empathisch die Brille der KPCh aufgesetzt, um aus deren Sicht das ethische Wesen der Gesellschaftsordnung Chinas zu verstehen. Der Versuch einer solchen Empathie mag dort nun mehr oder minder gut gelungen sein. Doch das gilt wohl für jede Interpretation. Und das dort versuchte Eintauchen in die wirtschaftsethische Innenansicht der chinesischen Gesellschaft schwingt auch in dem nun vorliegenden Buch weiter mit. Kurzum: Auch wer noch nicht selbst in China war oder erst recht dort nicht in Lohn und Brot stand oder steht, hat sehr Wichtiges zum normativen Verstehen dieser Regierungsidee zu sagen. Versuche der Einschüchterung gegen solche kritischen Stimmen und Studien wie etwa die meinen, entlarven dann doch nur deren wahre Motive. Ich selbst war von solchen Attacken bereits betroffen. Diese Versuche der Einschüchterung sollten wir mit aller Klarheit und Schärfe in die Schranken weisen und uns nicht davon abhalten lassen, weiter die Wahrheit zu sagen. Sonst geben wir den Kern derjenigen Freiheit preis, der doch unsere Werteordnung auszeichnen sollte.

Es muss aber natürlich auch klargestellt werden: Umfassende Objektivität in der Offenlegung der Werte-DNS kann ich hier in diesem Buch mit dem Studium der Primärquellen natürlich nicht anbieten. Im Sinne der phänomenologischen Herangehensweise aber will und soll die hier vorliegende Studie Wahres erkennen. Das ist zweifellos auch schon ein hoher Anspruch. Es bleibt aber zugleich viel Raum für alternative Zugänge mit anderen Lesarten der Quellentexte und eben auch ganz anderer methodischer Zugänge zur DNS-Entschlüsselung. Sie können ebenso etwas Wahres über diese Werte-DNS ans Licht bringen, solange sie nicht ideologisch verfälscht sind. Eine solche Pluralität der Deutungen herauszufordern und sie miteinander auf Augenhöhe ins Gespräch zu bringen, ist ausdrücklich auch ein wichtiges, hier angestoßenes Anliegen. Daran unterscheiden sich auch die Geister in einer Diskussion. Wer auch andere und kritische Positionen zulässt und ernstnimmt, der ist hier willkommen, nicht aber solche, die totalitär und rechthaberisch auftreten und unliebsame Perspektiven einschüchtern wollen.

Andererseits will dieses Buch nicht allein ein Türöffner für Kommendes sein. Das wäre nun doch zu wenig. Vielmehr will es Sie als interessierte Leser auch begeistern dafür, in die Gedankenwelt des chinesischen Machthabers Schritt für Schritt mit einzutauchen. Das ist dann ein gemeinsamer Weg hinein in eine Welt bisher weitgehend unbekannter ethischer Denkmodelle, die sich so aber zu einer in sich stimmigen Weltanschauung zusammenfügen lassen. Bisher Dunkles kommt dann mehr und mehr ans Licht, Fremdes wird einem zunehmend vertraut, ob man nun diese Anschauungen von Xi teilt oder ablehnt. Um es mit einem mich in dieser Forschung ermutigenden Sprichwort eines alten Chinesen zu sagen, den Xi (2022: S. 272) zitiert:»Man kann das Innere einer Sache erkennen, indem man ihr Äußeres betrachtet«. Dieses schrittweise Verstehen will zuallererst Menschen der freien Welt zu einer ebenso fairen wie kritischen Reflexion befähigen, um dann mit guten ethischen Gründen auch Tacheles zu reden. Hierzu gibt es schon reichlich Sekundärliteratur. Solche Verweise werden im Folgenden aber zurückhaltend eingesetzt. Sie sollen nicht den Duktus der Studie bestimmen und vom primären Blick auf die Originalquellen ablenken. Denn für einen unvoreingenommenen Zugang müssen wir zuerst diese studieren und verstehen. Zum Decodieren wesentlicher Sprachspiele und Verhaltensmuster der chinesischen Regierung ist hierzu schon ein sehr empfehlenswertes Wörterbuch mit Beiträgen führender China-Kenner erschienen, gefördert u. a. von der Friedrich-Ebert-Stiftung.[20] Auf diese und einige andere maßgebliche Sekundärliteratur wird im Verlauf der vorliegenden Studie zum Vergleich immer wieder

---

20   Vgl. Drinhausen/Rudyak (2023).

einmal gerne hingewiesen. Man könnte natürlich auch auf die Idee kommen, für ein solches Vorhaben zunächst intensiv die Biographie von Xi Jinping zu studieren. Das ist ein berechtigter Vorschlag. Biographien sind aber immer auch schon perspektivische Sekundärquellen. Sie bergen die Gefahr einer einseitigen Sicht, die der Person nicht umfassend gerecht wird. Deshalb setze ich hier lieber auf die vorliegenden Primärquellen. Das Ergebnis könnte natürlich auch eine eigene biographische Arbeit über Xi sein. Doch die zu erstellen, ist nun nicht mein Anliegen und auch nicht mein Talent. Dazu bräuchte es tatsächlich unbedingt eigene Erfahrungen im Land und auch intensive persönliche Begegnungen mit Xi. Da das unrealistisch ist, bleiben als primäre Quellen die veröffentlichten Reden und Texte, um das Regierungsethos zu entschlüsseln und darin Wahres zu erkennen, und zwar aus erster Hand.

Für eine so fokussiert sozialethische Entschlüsselung will nun das vorliegende Buch sorgen. Ich will damit also Sie als Leser einladen, sich vielleicht sogar einmal selbst mit den Quellentexten von Xi Jinping zu beschäftigen und dabei die hier vorliegende sozialethische Lesehilfe dafür zur Hand zu nehmen. Solche eigene Meinungsbildung ist für die Zukunft unserer Kultur dringend erforderlich. Sie öffnet unsere Augen und fordert uns zu einer eigenen persönlichen Meinung heraus, wie wir uns das Verhältnis der freiheitlichen Welt zu diesem China unter Xi vorstellen. Denn wir alle tragen gemeinsam die große Verantwortung für die Zukunft unserer eigenen Werte und Würde, für Demokratie, Rechtsstaat, Gerechtigkeit, Frieden und Freiheit. Wird China zunehmend die Spielregeln der Welt bestimmen? Wollen oder können wir das abwenden? In jedem Fall brauchen wir dazu eine gut begründete Meinung und Antwort, die sozialethisch reflektiert ist. Hierzu müssen wir die Werte und Ziele der mächtigen Führung kennen. Nicht allein als ein flüchtiges Vorurteil oder eine vage Intuition, sondern mit guten Gründen und möglichst starken Partnern an unserer Seite. In erster Linie geht es also darum, einen ersten tieferen Blick auf die Werte-DNS des großen Führers und seiner Genossen zu richten, dabei Wahres zu erkennen und von da aus Schlüsse zu ziehen für eine verantwortungsvolle Strategie der freiheitlichen Welt im Umgang mit dieser Regierung.

Aus einem ersten perspektivischen Verstehen der Werte-DNS von Xi Jinping soll also letztlich eine angemessene Werte-Strategie der freiheitlichen Welt für ein neu justiertes Verhältnis zu der chinesischen Regierung unter Xi Jinping vorgeschlagen und zur Diskussion gestellt werden.

Angesprochen werden also mit diesem Buch, so meine Hoffnung, alle Menschen mit Pioniergeist, die sich für eines oder mehrere der folgenden zehn Ziele interessieren, motivieren und/oder vielleicht sogar begeistern lassen:

1. Verantwortung für die freiheitlichen westlichen Werte angesichts der zunehmenden globalen Machtverschiebungen zugunsten Chinas,
2. Resilienz gegenüber China-Euphorie und China-Bashing,
3. verstehendes Selbststudium der Originaltexte von Xi Jinping,
4. Entschlüsselung der Werte-DNS in den Texten Xis,
5. Herausbildung einer reflektierten eigenen Positionierung zur sozialethischen Agenda der Regierung Xi,
6. neugierige Auseinandersetzung mit der im vorliegenden Buch vorgeschlagenen Analyse und Kritik,
7. Profilierung einer sozialethischen Positionierung dazu mit einer eigenen Perspektive,
8. Vertiefung der sozialethischen Positionierung durch eigene Erfahrungen und Studien,
9. gewinnender Dialog sozialethischer China-Positionen auf Augenhöhe,
10. Wertekompass für die weitere persönliche Auseinandersetzung mit den Zielen und der großen Vision von Xi Jinping für China und für die Welt.

Teil I
Methode: Instrumente zur Lesehilfe

Eine Pionierarbeit wie diese braucht eine Methode, damit sie für jeden Leser nachvollziehbar ist. Das klingt zunächst nach trockener Theorie. Doch der hier gewählte Ansatz speist sich weder aus Lehrbüchern zum wissenschaftlichen Arbeiten noch aus Sammlungen mit statistischen Formeln. Vielmehr geht es hierbei einfach um eine Lesehilfe dafür, die Fülle der Originaltexte von Xi angemessen zu bewältigen. Methodisch richtet sich der Blick dabei zuerst auf das umfangreiche Quellenmaterial, das hier im Mittelpunkt steht: also auf die vier großen Bände mit Reden u. a. von Xi Jinping. Es schließt sich in diesem I. Teil der Vorschlag einer Brille als erster Lesehilfe an, die hilft, einen roten Faden für eine verstehende Lektüre dieses Quellenberges zu erkennen. Das ist notwendig mit dem ambitionierten Ziel, Wahres über die gesuchte Werte-DNS offenzulegen.

Es wird hierfür ein Kompass entworfen, der die ethisch relevanten Gedankengänge Xis in eine übersichtliche Gliederung bringen kann. Die dann immer noch formelhaften Bausteine der DNS können im anschließenden Teil II inhaltlich gefüllt werden, indem zentrale Aussagen von Xi in diese Systematik eingepasst werden. Das Ergebnis ist dann eine offenliegende Werte-DNS dieser Programmatik, die dann im Teil III kritisch bewertet werden kann und soll, ehe im Teil IV eine Antwort der Freiheit darauf gesucht wird.

4
Quellen in Fülle – vom Einblick zum Durchblick

Knapp vierhundert längere und kürzere Reden und Redeausschnitte sowie andere programmatische Texte des »überragenden Führers« seit 2012 machen die Quellensammlung der bislang vier großen Bände unter der Überschrift »China regieren« aus. Band I (2014): 79 Quellen von November 2012 bis Juni 2014, Band II (2018): 99 Quellen von August 2014 bis September 2017, Band III (2021): 92 Quellen von Oktober 2017 bis Januar 2020 und Band IV (2022): 109 Quellen von Februar 2020 bis Mai 2022. Der vorerst letzte, vierte Band ist dabei bislang in englischer Sprache erschienen, die anderen drei Bände auch schon auf Deutsch. Und es ist sicher damit zu rechnen, dass schon bald weitere solcher Bände erscheinen werden, solange Xi an der Macht ist.[21] Denn Xi und die KPCh wollen ja selbstbewusst ihre Visionen und Ideen weltweit verbreiten. Der erste Einblick in diese Datenfülle überwältigt, darf aber nicht abschrecken. Wohl braucht es eine gute Strategie zum Durchblick, um Wesentliches der Werte-DNS herauszufinden und es dann als erkannte Wahrheit in ein passendes System zu bringen.

Die vielen Quellen sind in den bislang vorliegenden vier Bänden jeweils in 17 bis 21 Kapiteln inhaltlich zusammengeführt und dort wiederum jeweils chronologisch sortiert. Am Beginn aller Bände steht dabei immer ein programmatisches Kapitel mit Texten zum

---

21   Auch die bisher nur in englischer Fassung vorliegenden Zitate wurden zum besseren Verständnis übersetzt.

Dar. 3: Aktuelle Ansicht auf den Nordflügel der 2008 erbauten Nationalbibliothek in Peking, deren Bestände die weltgrößte Sammlung chinesischer Literatur und historischer Dokumente umfasst.

Sozialismus chinesischer Prägung. Quellen zur umfassenden Führungsrolle der KPCh werden erst in den letzten beiden Bänden als das jeweils zweite große Thema besonders hervorgehoben. Dies ist sicher als eine Akzentverschiebung zu deuten. In den weiteren Kapiteln sehen wir dann sich wiederholende Schwerpunkte (etwa interne Parteiführung, Umsetzung der großen Ziele wie Wohlstand und Frieden, innere Reformen, Ein-China-Politik im Blick auf Taiwan, die Autonomiegebiete und die Bedeutung von Hongkong und Macao, Stärkung der Armee, Ökologie, Seidenstraße und internationale Diplomatie). Es finden sich aber auch ganz neue Akzente wie etwa natürlich die Folgen der Corona-Pandemie sowie das chinesisch-sozialistische Modell von Menschenrecht, Rechtsstaat und Demokratie. Die inhaltlichen Verschiebungen von Schwerpunkten und die Einfügung neuer Akzente auch innerhalb bleibend wichtiger Themen näher zu untersuchen, ist ein lohnendes Anliegen für die historische Forschung: vor allem auch im Blick auf die praktische

Umsetzung und die nationalen wie internationalen Kontexte im Wandel der Zeiten. Diese Fragen sollen hier aber nicht weiter vertieft werden. Das machte eine komparative Exegese ebenso nötig wie eine politikwissenschaftliche und -historische Einordnung. Anspruch und Ziel des vorliegenden Buches gehen aber in eine andere Richtung. Denn gefragt wird hier ja gerade auch hinter solchen Gedankenlinien nach dem normativen roten Faden, nach der ethischen Programmatik, also nach der Werte-DNS bzw. der Seele solchen Regierens. Dafür braucht es als Methode einen qualitativen Zugang, der nicht Wörter zählt und vergleicht, sondern der es ermöglicht, auch zwischen den Zeilen zu lesen und zu verstehen. Notwendig ist dafür eine Brille, die zweifellos auch schon ein Werturteil bedeutet und damit eine Richtung vorgibt. Sie muss deshalb sehr behutsam ausgewählt und gut begründet werden, damit sie ein so anspruchsvolles Wahrnehmen und Filtern ermöglicht, ohne verzerrende Vorurteile und eigene Ideologie.

5
Vogel im Käfig – Brille zum Durchblick

Eine solche Brille aufzusetzen, soll also nun helfen, Textinhalte richtig zu verstehen und sie sinnvoll zu sortieren. Das birgt immer auch die Gefahr einer einseitigen Sicht oder gar einer verfälschten Wahrnehmung. In diese Falle zu tappen, soll natürlich tunlichst vermieden werden. Dafür wird hier nun eine Perspektive ausgewählt, die für das Denken des neuen Sozialismus chinesischer Prägung selbst zentral ist und zudem dem Wesen chinesischer Sprachkultur entspricht. Diese lebt nämlich in ganz besonderer Weise von bildreichen Analogien und Metaphern.[22] Die Gesellschaft als Vogel im Käfig ist eine solche metaphorische Umschreibung des Sino-Marxismus, den Xi verkörpern will. Das ist aktuell das große chinesische Narrativ.

Diese passende Brille als unsere erste Lesehilfe stammt von dem Wirtschaftsexperten Chen Yun, einem führenden Revolutionär der ersten Generation und ab 1949 ersten stellvertretenden Ministerpräsidenten der Volksrepublik China. Nach Meinungsverschiedenheiten mit Maos Umstrukturierung der Wirtschaft verlor er später an Einfluss. In den 1970er-Jahren aber wurde er dann zu einem engen Wegbegleiter und Ratgeber von Deng Xiaoping, dem sich Xi ideologisch verbunden weiß. Xi erwähnt Chen ausdrücklich als eines der großen Vorbilder der Kommunistischen Bewegung (Xi 2022: S. 8). Und er sieht sich zugleich selbst in der Tradition von Deng, der mit Chen Yun nach Maos Tod am 9. September 1976 und den

---

22   Vgl. Sohst (2019).

sich anschließenden Machtkämpfen mit der sog. Viererbande um die Witwe Maos ab 1978 eine schrittweise Öffnung Chinas und entsprechende Reformen einleitete. Immer wieder zitiert Xi in seinen Ansprachen und Texten seinen Vorgänger Deng, wenn es um die großen Ziele, Visionen und Träume Chinas geht, die die kommunistische Partei in China realisieren will. Vor allem eint die Programmatik dieser beiden Machthaber das Visionäre und die enge Verbindung von Theorie und Praxis, um so die großen Ideen Realität werden zu lassen. Bloße Worte reichen Deng und Xi nicht. Ihnen müssen Taten und konkrete Reformen nachfolgen, die die großen Ideen und Träume des chinesischen Sozialismus wahr werden lassen sollen. Einen solchen Weg hat Deng eingeschlagen und hat dabei die Macht der KPCh immer in den Mittelpunkt gestellt. Daran durfte und darf nicht gerüttelt werden. Das zeigte sich etwa schmerzlich bei der Niederschlagung der Studentenproteste 1989 auf dem Platz des himmlischen Friedens. Auch Xi versteht sich als großer Visionär und Anführer, der seinen Worten Taten folgen lässt. Auch er stellt dabei die unumschränkte Macht der Partei ins Zentrum. Das beweisen die entsprechenden programmatischen Kapitel in den vier Quellenbänden. Und auch er ist zu aller Konsequenz bereit, um diese Macht und die Visionen zu realisieren.

Xi setzt nun nach seinem Verständnis den von Deng beschrittenen Weg mit großen Schritten fort. Er sieht sich als denjenigen, der die von Chen Yun ideologisch vorbereitete und von Deng politisch propagierte Öffnung für einen Markt chinesischer Prägung in die Tat umsetzte. Auch ist er es, der die von Deng ausgerufene»Vollendung des Aufbaus einer Gesellschaft mit bescheidenem Wohlstand« zum 100. Geburtstag der KPCh zunächst anstrebt und dann auch im Jahr 2021 erfolgreich eingelöst hat. Indem er sich als den Baumeister eines neuen Chinas sieht, welches Deng noch am fernen Horizont zeichnete, stellt er sich vor allem in ordnungspolitischen Fragen in die ideologische Tradition von Chen Yun. Denn dieser war es, der für die inzwischen in der chinesischen Verfassung festgeschriebene

»sozialistische Marktwirtschaft« das Bild vom Vogel im Käfig prägte: »Innerhalb des Käfigs kann der Vogel frei fliegen, wie er will.« Das bedeutet im ökonomischen Kontext:

>> Die chinesische Wirtschaft sei der Vogel; der Käfig, das heißt die Parteikontrolle, sei zu erweitern, damit der Vogel gesünder und kräftiger werde, aber man könne den Käfig nicht öffnen oder entfernen, damit der Vogel nicht wegflog.[23]

Dieses Miteinander von ideologischer Parteikontrolle und Freiheitsverständnis ist umfassendes gesellschaftliches Programm, nicht allein für die Wirtschaft. Denn die Wirtschaft betrifft ja nicht nur die ökonomischen Fragen, sondern hat maßgeblichen Einfluss auf die gesamte Kultur und das Zusammenleben der Menschen. Ein solcher Stilgedanke ist nicht neu und uns durchaus gut vertraut: Als umfassenden gesellschaftlichen Stilgedanken verstand nämlich schon Alfred Müller-Armack das Ordnungsmodell der Sozialen Marktwirtschaft. Auch die »sozialistische Marktwirtschaft« kann nicht losgelöst vom sonstigen gesellschaftlichen Kontext verstanden und gestaltet werden. Sie ist – bei allen wichtigen Differenzen der beiden Ordnungsmodelle – aber auch zentraler Teil der Sozialkultur und prägt sie wesentlich. Chens Bild vom Vogel im Käfig bezog sich dabei auf die sozialistische Wirtschaft chinesischer Prägung. Ich nehme es nun als die sozialethische Brille bei der Lektüre von Xis Quellentexten, der den Sino-Marxismus als einen solchen Stilgedanken versteht (Xi 2020: S. 419). Damit legt sich aus sozialethischer Sicht bereits folgende grundsätzliche Programmatik für das Regieren Chinas im Sinne von Xi nahe:

---

23   Diese Wiedergabe findet sich so zitiert bei Acemoglu/Robinson (2021: S. 514).

- Es gibt für die gesellschaftliche Entwicklung Chinas einen Käfig, sprich einen unverrückbaren Rahmen, der bewahrt und gestärkt werden muss. Dies ist die Diktatur des Volkes unter Führung der KPCh.
- Es gibt gesellschaftliche Veränderungen und Neuerungen, die sich wie ein fliegender Vogel entfalten dürfen. Die Fluggrenzen der Entfaltung werden durch die KPCh festgesetzt.
- Es gibt Menschen, die den Käfig bauen und sicher machen. Und es gibt Ideen und Menschen, die zum Wohl des Volkes im Käfig fliegen und deren Flug zum Wohl des Volkes begrenzt ist.
- Damit diese Koexistenz friedlich, erfolgreich und dauerhaft zum Wohle des Volkes gelingen kann, müssen alle (auch Auslands-) Chinesen und alle Menschen in China das Miteinander von Vogel und Käfig begrüßen und fördern. Die Partei muss hierzu in sich geschlossen sein. Sie muss mit Leidenschaft und Kompetenz die nötigen Freiräume ermöglichen und sie begrenzen, wo es erforderlich ist. Wer für Marktwirtschaft, Rechtsstaat, Demokratie oder Menschenrechte eintritt, muss dies immer im Geist des Sino-Marxismus tun, der von der Partei definiert und vorgeschrieben wird.
- Für die dazu angestrebte Harmonie im und mit dem Käfig braucht es eine moralische Erziehung und Kompetenz innerhalb der Partei und bei allen Menschen, die kreativ ihren Beitrag zum Gelingen der großen Ziele des Volkes leisten.

Die Wahl dieser Brille vom Vogel im Käfig ist, wie schon erwähnt, zweifellos schon eine erste Interpretation, die man zurecht in Frage stellen kann. Die Entscheidung dafür unterliegt, das sei hier gesagt, nicht dem wissenschaftlichen Gebot der Werturteilsfreiheit. Das ist aber auch im Sinne wissenschaftlicher Redlichkeit ganz normal. Denn jedweder gewählte sozialwissenschaftliche Blickwinkel, jede Forschungsfrage und jede gewählte Methode ist immer schon das Ergebnis eines Werturteils. Das hat ja auch Max Weber, der die Werturteilsfreiheit für die empirische Forschung stark machte, genau so gesehen. Er fordert den Verzicht auf Werturteile deshalb nur für die praktische Anwendung der Methode, nicht aber für deren Auswahl oder die Entscheidung für oder gegen eine bestimmte Forschungsfrage oder Methode. Die Wahl für eine bestimmte Brille muss aber nur gut begründet sein und transparent gemacht werden. Genau dieser Anspruch soll hier eingelöst werden. Das scheint mir für die Metapher vom Käfig nach einer ersten Durchsicht der vielen Reden u. a. Texte Xis der Fall zu sein, zumal Xi selbst genau dieses Bild verwendet. Für die Reform der Armee fordert er ja etwa, »den ›Käfig des Regelwerks‹ fest zu flechten« (Xi 2018: S. 499). Die Brille von der Metapher des Käfigs schärft also, so hoffe ich, im Folgenden den Blick ohne ideologische Verfremdung. Ich wähle sie deshalb hier als erste noch recht abstrakte Lesehilfe aus. Mit ihr kann nun im nächsten Schritt aus den 2.800 Seiten Text nach und nach die Werte-DNS in Xis Regierungsverständnis weiter entschlüsselt und uns zugänglich gemacht werden. Und auch für die Arbeit mit den vermutlich noch folgenden Quellensammlungen könnte sie Anwendung finden, sofern Xi der Linie seines bisherigen Regierungsethos treu bleibt.

Wer nun aber mit guten Gründen eine andere Brille für ein solches Vorhaben wählen mag, der kommt womöglich in der Analyse und Kritik zu anderen Ergebnissen als ich in dem vorliegenden Buch. Das mag sein und kann den Diskurs nur bereichern. Ich habe mich aber nun für diese Brille entschieden und werde sie im Folgenden für die Erstellung einer noch praktischer nutzbaren Lesehilfe einsetzen. Ich lade also jetzt ein, mit mir diese Brille aufzusetzen und damit weiter die Geheimnisse der gesuchten DNS zu entschlüsseln.

6
DNS-Systematik – von der Brille zur Lupe

Mit der gewählten Brille schauen wir jetzt zunächst auf den Käfig, anschließend auf die Vögel: Der Käfig im Reich von Xi kann nun nicht einfach beliebig gestaltet werden. Er soll auf unverrückbaren Fundamenten gründen. Auf diesen kann und muss er durch die verantwortlichen Akteure aufgebaut werden. Sie formulieren dann die entsprechenden Ziele, mit denen der erlaubte Flug der Vögel kontrolliert wird. Genügend Platz zum Fliegen muss es dazu natürlich geben. Nur so lassen sich die Ziele erreichen. Aber genauso wichtig sind die Gitter, damit der Flug nicht in die falsche Richtung geht. Die Partei muss dann alles stets unter Kontrolle behalten.

Die Brille kann nun noch vor der Anwendung ergänzt werden im Blick auf das, was den Käfig und was die Vögel im Käfig ausmachen. Durch eine solche inhaltliche Anreicherung wird sie zur Lupe, die uns tiefere Einblicke ermöglicht:

Der Käfig:

- Seine Fundamente: Der gesellschaftliche Käfig in Xis China baut auf Ideologie und Vision. Der unverrückbare normative Rahmen in seinem Regierungsverständnis ist die unumschränkte Führungsrolle der KPCh. Der Sozialismus chinesischer Prägung gilt dabei als die überlegene Ideologie und Weltanschauung, auch und gerade im Wettstreit mit anderen Ordnungsmodellen. Das zugrundeliegende sino-marxistische Gesellschafts- und Menschenbild und die große chinesische Vision sind a priori und damit bedingungslos gesetzt.

• Die Baumeister und Hüter des Käfigs: Der »überragende Führer« Xi sowie die kommunistische Partei bauen den Käfig und überwachen als Hüter seine Wirksamkeit im Blick auf die Fundamente. Deren Aufgaben und Ethos beschreiben das Handwerk eines auch moralisch guten Käfigbaus. Zu fragen ist dabei also nach den Rollen von Führer und Partei sowie nach dem damit verbundenen Ethos. Edles Handwerk soll so einen edlen Käfig hervorbringen und dauerhaft bewahren. Dieses Ziel hat eine professionelle und eine tugendethische Seite zugleich. Es braucht also gewissenhafte Handwerker, damit der Vogelflug dauerhaft auch nur in den gewollten Bahnen verläuft.

Die Vögel im Käfig:

• Die im Käfig willkommenen, gesunden Vögel: Als Vögel gelten in der Metapher Menschen und Ideen im Käfig. Es muss nun gefragt werden, welche Vogelarten hier überhaupt grundsätzlich erwünscht und zugelassen werden, sprich welche Neuerungen durch neue Menschen und/oder durch neue Ideen. Nur gesunde Vögel sind erwünscht, also solche, die die Ideologie der Partei verinnerlicht haben und der Erfüllung der großen chinesischen Vision dienen.

• Gewissenhafter Vogelflug: Die gesunden Vögel sollen im Käfig abheben zu einem auch moralisch edlen Flug. Es erfordert hierzu eine Kultur für die Motivation (Wille) und die potentielle Entfaltung (Stärke) der dazu notwendigen Kräfte, um die große gemeinsame kollektive Mission zu erfüllen und damit der großen Verantwortung gerecht zu werden. Die Befähigung zu solcher Energieleistung von Neuerungen (Menschen und Ideen) baut auf Identifikation mit der großen Vision und auf Anreize, große Leistung im sino-marxistischen Dienst zu erbringen. In der Metapher des Vogels bedeutet es: Hier erst heben die gesunden Vögel auch erfolgreich ab und dienen mit ihrem Flug der Umsetzung der Ziele, die von Partei und Führer vorgegeben sind. Gesunde bzw. edle, patriotische Neuerungen realisieren dann Schritt für Schritt die Vision.

Mit einer solchen geschärften Systematik wird die Brille zu einer Lupe, mit der sich nun anschließend die groben Konturen der gesuchten DNS der chinesischen Sozialkultur unter Xi noch viel genauer umreißen lassen. Nicht mehr, aber auch nicht weniger. Die hier vorgeschlagene und erfolgreich erprobte Lesehilfe hat damit, so die Hoffnung, weiter an Schärfe gewonnen.

Teil II
Analyse zur Entschlüsselung der Vision

In der nun folgenden Analyse können wir mit unserer Lupe nun die zentralen Aussagen Xis aus den Quellentexten identifizieren. Ja mehr noch: Sie können in die uns damit vorgegebene Gliederung eingepasst werden, um so die Werte-DNS des Regierungsverständ-

Dar. 4: Vogelkäfige im Shanghaier Heiping Park – das Bild vom Vogelkäfig hat einen wahren Hintergrund. Die Singvögelhaltung ist nämlich das klassische Hobby pensionierter Städter, die in den Parks versuchen, sich gegenseitig mit dem schönsten Gezwitscher zu übertrumpfen.

nisses von Xi Jinping offenzulegen: als zur Diskussion gestellte These mit dem phänomenologischen Anspruch relativer Wahrheit – und deshalb selbstbewusst und bescheiden zugleich. In diesem Teil II geht es also nun mit der Lupe in der Hand schrittweise an die Arbeit der Entschlüsselung, zuerst im Blick auf den Käfig und dann auch auf die Vögel und deren Flug hinter Gittern.

7
Der Käfig

Der Käfig steckt den Rahmen der zugestandenen Freiheit ab. Die Entschlüsselung der Werte-DNS setzt genau hier an. Und zwar mit der Frage nach den ideologischen Voraussetzungen und den damit verbundenen visionären Zielen. Dieser Rahmen baut sich aber nicht einfach selbst als wirkungsvoller Käfig. Vielmehr braucht es dazu die schon identifizierten Baumeister und Hüter. Was von ihnen nun professionell und tugendethisch konkret verlangt wird, das ist ein weiterer wichtiger Spiegel der offen zu legenden Werte-DNS.

Fundamente: Ideologie und Vision

Zunächst also richtet sich unser Blick auf die weltanschaulichen Fundamente: Das unangefochtene Apriori der chinesischen Regierung unter Xi ist die Ideologie des Sino-Marxismus. Er ist bestimmt durch die Führungsrolle der Partei, deren Ideologie und die große Vision mit den verschiedenen Meilensteinen auf dem Weg, die Träume wahr werden zu lassen.

Führungsrolle der Partei

Erstes Postulat ist die Führungsrolle der KPCh: Der Wille des Volkes gilt für Xi als das unbedingte Maß jeder politischen Legitimität.

» China ist ein Staat der demokratischen Diktatur des Volkes unter Führung der Arbeiterklasse. (Xi 2018: S. 352). Die KPCh allein vertritt, so der Anspruch, den Willen des Volkes, eint es und muss ihm zugleich treu dienen (Xi 2018: S. 59, 260, 513; Xi 2022: S. 5f, 61, 226).

Diesen Dienst auszuüben und ihm zu folgen, gilt als die unbedingte patriotische Pflicht.[24] Wenn nach einer solchen Vorstellung also Volks- und Parteiwille identisch sein sollen, dann bedeutet konsequent die Sicherung der Parteimacht zugleich auch immer die Festigung der sog. Volksdemokratie. Genau diese Übereinstimmung meint Xi mit der bei ihm so oft anzutreffenden Rede von der volkszentrierten Philosophie und Entwicklung (Xi 2020: S. 21; Xi 2022: S. 69, 192ff.). Der von der KPCh verkörperte Sino-Marxismus legitimiert und konstituiert so den Käfig (Xi 2012: S. 10). Die Macht der Partei in allen gesellschaftlichen Bereichen (Wirtschaft, Bildung, Religion, Kunst, Wissenschaft, Medien, Militär, Frieden, Demokratie, Justiz, Rechtsstaat u. a.) zu sichern, ist somit für Xi das unanfechtbare und zentrale Anliegen guter chinesischer Regierungspolitik (Xi 2020: S. 69, 144). Es gibt keine Presse-, Religions-, Kunst- oder Wissenschaftsfreiheit im westlichen, sondern nur im sino-marxistischen Sinne. Das aber meint: Die KPCh ist die sakrosankte Avantgarde der Gesellschaft (Xi 2018: S. 72, 123), die solche Freiheiten umfassend definiert (Xi 2018: S. 188f.) und relativiert. China unter Xi Jinping ist also eine kommunistische Parteidiktatur mit einem intaktem Herrschaftsmonopol.[25] Die KPCh ist ja schon allein mit ihrem Namen ideologisch auf das kommunistische Gesellschaftsbild festgelegt. Xi definiert dies noch einmal unmissverständlich: Der Marxismus ist

---

24 Vgl. Hellström (2023: S. 59): »Da das offizielle Narrativ die chinesische Nation mit dem von der Kommunistischen Partei Chinas (KPCh) geführten Staat gleichsetzt, beinhaltet Patriotismus – die Liebe zur Nation – die Liebe zur Kommunistischen Partei und die Loyalität gegenüber dem von der Partei kontrollierten Staat.«

25 Vgl. ten Brink (2013: S. 321).

und bleibt die »Seele« der Partei (Xi 2018: S. 76). Er gründet vor allem in den Ideen von Marx, Engels, Mao und Deng. Hierzu werden von Xi zentrale Inhalte vorgegeben.

Parteiideologie

Die Führungsrolle der Partei muss sich Xi zufolge bewähren in der Treue zur Ideologie. Diese setzt sich zusammen aus bekanntem marxistischem Gedankengut und einigen markanten Eigenheiten. Beides zusammen ist für Xi das große Erfolgsrezept der Partei.

Wissenschaftlichkeit

Der Sino-Marxismus hält »an seinem Glauben an die Wissenschaftlichkeit und Wahrheit des Marxismus … fest.« (Xi 2018: S. 3) Er hat, so ist der Anspruch, aus den Fehlern der Sowjetunion und anderer sozialistischer Länder gelernt. Er versteht sich demgegenüber als überlegen und zudem als theoretisch-wissenschaftlich belegt. Die Idee von einem solchen »wissenschaftlichen Sozialismus« (Xi 2020: S. 98, 105) hat nun folgende zwei Seiten: historischer Materialismus nach Marx und Engels sowie systemische Kybernetik. Zu ersterem stellt Xi fest:

>> Wir sollten an der Weltanschauung und Methodologie des dialektischen und historischen Materialismus sowie an den marxistischen Positionen, Sichtweisen und Methoden festhalten. (Xi 2020: S. 104; vgl. auch Xi 2018: S. 71; Xi 2020: S. 21)

Damit verbunden werden selbstverständlich das marxistische Menschenbild und die entsprechende Idee menschlicher Erkenntnis und Entwicklung. Zentraler inhaltlicher Bestandteil ist hierbei neben einer atheistischen also immer auch eine materialistische Sicht auf Mensch und Gesellschaft. Für Xi (2018: S. 291) ist deshalb klar: »Bei der Analyse von Problemen müssen wir dialektisch vorgehen«. Es geht in gesellschaftlichen Fragen dann stets darum, These und Antithese zu identifizieren, sie einander gegenüberzustellen und daraus eine neue Synthese als eine Fortschrittslösung zu erschließen. Der historische Materialismus nach Marx wird zugleich mit der Idee der fortschreitenden Entwicklung der Gesellschaft und der Gesellschaftssysteme verbunden, wobei gute Entwicklungen als Synthesen die Folge revolutionärer Kampfprozesse sind:

>> Um den großen Traum zu verwirklichen, muss ein großer Kampf geführt werden. Sozialer Fortschritt ergibt sich aus der Dynamik von Widersprüchen. Wo es Widersprüche gibt, da ist auch Kampf. (Xi 2020: S. 17)

Und dazu brauche es entsprechend kampfbereite Menschen. Die hinreichend darauf vorbereitende Erziehung habe die Sowjetunion versäumt.

Sino-marxistische Wissenschaftlichkeit beruft sich auch auf die systemische Kybernetik, um damit Welt und Gesellschaft zu verstehen und zu formen (Xi 2022: S. 35, 53). Diese sozialwissenschaftliche Methodologie ist ihrem Wesen nach apersonal gedacht, setzt auf autopoietische, selbstreferentielle Kräfte der Veränderung und erhebt gegenüber alternativen Perspektiven für sich den Anspruch von Evidenz, Objektivität und Überlegenheit (Xi 2018: S. 159, 485). Wahrheit und Richtigkeit lassen sich danach – so der Anspruch – von Falschheit klar und einfach unterscheiden, beweisen und auch hart sanktionieren (Xi 2020: S. 115, 125). Diese behauptete Evidenz ist für die Gestaltung der Flugräume im Käfig von elementarer Bedeutung.

Praxisnähe

Die sino-marxistische Perspektive auf die Gesellschaft zeichnet sich für Xi auch durch eine an der Realität Chinas orientierte Praxisnähe aus (Xi 2018: S. 57, 76, 137; Xi 2022: S. 35). Sie bleibe stets der marxistischen Seele treu und suche mit dieser Perspektive neugierig nach anschlussfähigen Ideen, mit denen sich die gesetzten Ziele Chinas noch besser erreichen lassen. Der Sino-Marxismus wendet sich damit ausdrücklich von einem starren Dogmatismus ab:

> Ein großer Unterschied zwischen wissenschaftlichem und utopischem Sozialismus besteht darin, dass Ersterer kein unveränderliches Dogma ist. Demnach ist Sozialismus ein fortlaufender Prozess mit ständigen Verbesserungen und Weiterentwicklungen. (Xi 2020: S. 162)

Eine solche Öffnung des Sino-Marxismus bedeutet nun nicht bloß das Eingehen wirtschaftlicher Beziehungen mit fremden Ländern und Kulturen, sondern auch eine wesentliche ideologische Dynamik zur Weiterentwicklung der kommunistischen Ideologie, hinter die es kein Zurück in alten Dogmatismus geben darf. Solch neuer Marxismus öffnet sich für die mögliche Adoption alter, vor-marxistischer und auch bislang fremder Ideen und Gedanken. Diese Logik entspricht durchaus einer traditionellen chinesischen Gepflogenheit. Gegenpole im Yin Yang etwa werden traditionell als Ausdruck kreativer Veränderung gesehen. Und so»hat der Konfuzianismus keine Schwierigkeiten gehabt, aus Lehren, die er zum Teil in heftigster Form angriff, ihm genehme Aussagen zu übernehmen und zu amalgamieren.«[26] Mit einer solchen bedingten Offenheit will sich nun der Sino-Marxismus vom starren Dogmatismus abgrenzen und so seine Überlegenheit auch gegenüber anderen Auslegungen des Marxismus unter Beweis stellen.

Menschen- und Gesellschaftsbild
Der ideologische Käfig legt selbstverständlich auch das Menschenbild fest: Es soll»die wissenschaftlich begründete Entwicklung mit dem Menschen als Ausgangpunkt verwirklicht werden.« (Xi 2014: S. 14) Denn die wissenschaftliche Theorie des Marxismus mit dem

---

26   van Ess (2004: S. 198).

großen Ziel, den chinesischen Traum zu verwirklichen, muss sich ja auch in der Praxis bewähren. Und dazu braucht es Menschen, die daran aktiv mitwirken. Der Mensch ist in dieser Ideologie ein Dienstwert zur Realisierung des großen Traums. Oder anders gesagt: Die Menschen sind Teil des Volkes. Der kollektive Wille des Volkes legitimiert politisches Handeln und Moral. Und allein die Partei darf den Volkswillen repräsentieren, um den einzig möglichen Weg zur Erfüllung des großen Traumes voranzugehen (Xi 2014, S. 35).[27] Die KPCh allein vertritt damit das Kollektiv, und nur über diesen Weg alle Menschen in China. Sie allein gibt den Menschen die Orientierung und damit den Weg vor, damit sie ihre persönliche Erfüllung finden als Werkzeuge der KPCh und ihrer Ziele. Unterstellt ist damit nicht eine personale, sondern konsequent eine kollektivistische Sicht auf den Menschen, wenn es darum geht, den Volkswillen zu bestimmen und damit Macht, Politik und soziale Regeln zu rechtfertigen. Das Individuum als Ausgangspunkt kommt erst dann in den Blick, wenn es um die konkrete Umsetzung der von der Partei identifizierten Massenziele (Verwirklichung des Traums) geht. Jedes Glied des großen Kollektivs ist damit aufgerufen, im Dienst dieser gemeinsamen (nicht etwa individuell definierten) Ziele für das Volk opferbereit zu sein und loyal seine ganze Arbeitskraft und Intelligenz dafür optimal und mit aller Kraft einzusetzen (Xi 2014, S. 7 sowie Xi 2014, S. 155f.). Dafür braucht es im Sinne eines kollektiven Ideals einen neuen, selbstbewussten chinesischen Menschen. In der Peking Universität betonte Xi den programmatischen Gehalt dieser Anthropologie:»Um sich die kommunistischen Grundwerte zu eigen zu machen, sollten die jungen Menschen folgende Punkte beachten.« (Xi 2014, S. 211) Dazu nennt er die folgenden Eigenschaften: 1.) Fleiß zur Entfaltung der Talente, 2.) Tugend, Moral und Selbstvervollkommnung, 3.) Unterscheidung von Recht und Unrecht sowie von richtigen und falschen, gesunden und ungesunden Ideen, 4.) Ehrlich-

---

27   Vgl. Brown (2018: S. 55).

keit im Denken und im Handeln. Die Idee von einem solchen neuen Menschen knüpft wohl auch an das Ideal des edlen Menschen im Konfuzianismus an, der durch fleißige Studien seinen Verstand beständig schult und die Begierden entsprechend unterordnet. Solche edle Tugendbildung setzt in der Lesart von Xi nunmehr im Studium der marxistischen Schriften und Lehren an und soll ein entsprechendes Ethos als Habitus hervorbringen.[28] Dieser neue, edle Mensch als ideale marxistische Persönlichkeit soll also nicht etwa bloß eine willenlose Marionette sein, die ohne Verstand ganz im massenhaften Kollektiv untergeht. Ziel ist es vielmehr, dass die Menschen den kommunistischen Geist als persönlichen Habitus tief verinnerlichen und mit dieser Brille konsequent die Welt sehen, urteilen und handeln. Der neue Mensch braucht also eine intrinsische Motivation, welche endogene Kräfte zugunsten des Volkswillens freisetzt und so eine unbedingte Loyalität zu Partei, Führer und Gesetz mit sich bringt (Xi 2018: S. 106, 136, 159). Diese Übereinstimmung von individuellem Wollen und gesellschaftlich erwünschtem Sollen wird dann nicht als eine Last, sondern vielmehr als Freiheit empfunden. Das jedenfalls ist der hohe Anspruch an die nunmehr veredelten, gesunden Persönlichkeiten (Xi 2018: S. 421; Xi 2020: S. 495). Oder anders ausgedrückt: Die edlen und damit patriotischen Menschen müssen ihre Seele der Parteilinie schenken. Diese Aufgabe wird nicht etwa im Sinne der Subsidiarität den Familien anvertraut. Nicht sie, sondern das Bildungssystem mit seinen Lehrern und Ideologien muss diese Entwicklung fördern und fordern:

>> Lehrer sind Ingenieure der menschlichen Seele, die die wesentliche Aufgabe übernehmen, den Geist zu formen. (Xi 2018: S. 62)

Eine solche ganzheitliche Perspektive auf die zu formende Seele des Menschen nimmt das sozialisierte Individuum zunächst als ein Ob-

---

28   Vgl. van Ess (2004: S. 198f.).

jekt zur ganzheitlichen Verinnerlichung kommunistischer Weltanschauung in den Blick, so dass die neuen Menschen als überzeugte Subjekte den durch die Partei repräsentierten Volkswillen als den eigenen verstehen und diesem edlen Kompass entsprechend leben. Das sollen sie dann als empfundene Freiheit erleben.

Die große Vision

Der Sino-Marxismus ist weit mehr als eine pragmatische Linie für eine gelingende Tagespolitik. Er verfolgt eine große Vision, die das Volk und damit die Partei begeistern und zu großen Taten motivieren soll.

Zwei Träume – eine Vision

Die kommunistische Partei dient auf der Basis ihrer ideologischen Grundsätze dem Volk und damit einer großen Vision: Unter ihrer Führung allein kann, so die feste Überzeugung von Xi, der große chinesische Traum sowie die Befreiung aus dem Trauma vergangener Demütigungen realisiert werden (Xi 2018, S. 31, 68–74).

>> Das Wiederaufleben der chinesischen Nation bildet den größten Traum der Chinesen in der Neuzeit (Xi 2020: S. 16).

Dies ist ein wesentlich patriotisches Motiv. Es ist gespeist aus einer wechselvollen Geschichte. Als große Kulturnation blickt China hierzu auf eine lange und stolze Vergangenheit zurück mit mächtigen Kaiserdynastien, die andere Völker unterwarfen und von ihnen Tribut verlangten.[29] Der patriotische Geist Chinas wurde in den letzten Jahrhunderten aber stark gedemütigt, so vor allem durch die Unterdrückung und Abhängigkeit von Kolonialmächten (Europa, Japan), durch verlorene Kriege (wie etwa die Opiumkriege gegen

---

29   Vgl. Dieter (2021: S. 164–166).

Großbritannien 1839–1842 und 1858–1860) und durch eine lange, weitverbreitete und große Armut.[30] Zwei Jahrhundertziele werden nun im aufstrebenden China als patriotische Antworten darauf mit dem großen Traum verbunden: Das erste ist die »umfassende Vollendung des Aufbaus einer Gesellschaft mit bescheidenem Wohlstand zum hundertjährigen Bestehen der KP Chinas.« Dies Jubiläum war im Jahr 2021. Xi hat dieses Ziel inzwischen für erfüllt erklärt. Das zweite ist die »Vollendung des Aufbaus eines wohlhabenden, mächtigen, demokratischen, zivilisierten und harmonischen modernen sozialistischen Landes zum hundertjährigen Bestehen der Volksrepublik China.« Dieses Jubiläum wird als Folgeschritt im Jahr 2049 gefeiert (Xi 2018: S. 17). Zur Erfüllung des großen chinesischen Traumes sind diese beiden Ziele die wichtigsten Meilensteine.

Der chinesische Patriotismus wird durch die KPCh wie selbstverständlich rot gefärbt.

> Es gelten hierzu als »die Grundlage für den Staat und für das politische Fundament für die Existenz und Entwicklung von Partei und Staat« die folgenden vier Grundprinzipien: »Festhalten am sozialistischen Weg, an der demokratischen Diktatur des Volks, an der Führung durch die KP Chinas sowie am Marxismus-Leninismus und den Mao-Zedong-Ideen.« (Xi 2014, S. 21 Anmerkung 7)

Die sog. Mao-Zedong-Ideen sind: revolutionäre Betonung der Bauernschaft vor der Arbeiterschaft, Guerilla-Politikstil und die sog.

---

30 Der stolze Chinese sei, so Heinrich Hartmann (1864–1935), deutscher Pfarrer von Shanghai, »nur sehr allmählich von der Überzeugung abzubringen, sein Volk sei das Führervolk der Welt, sein Reich das ›Reich der Mitte‹.« Vgl. Blum (2020: S. 75). Unter Xi gibt es offenbar eine Renaissance dieser Überzeugung.

Massenlinie als Ausdruck einer kommunistischen Durchdringung der gesamten Gesellschaft (Xi 2018, S. 25).[31]

Xi sieht China mit diesen großen Zielen und Prinzipien vor allem auch nach dem Scheitern anderer sozialistischer Gesellschaften jetzt auf dem richtigen Weg. China soll also den Sozialismus als die von Marx und Engels prophezeite und erträumte klassenlose Gesellschaft und damit als großen kommunistischen Traum der Menschheitsgeschichte endlich entwickeln und ihn auch praktisch realisieren. Der Sozialismus in China wäre dann an seinem angestrebten Zielpunkt nicht allein die Verwirklichung des großen Traums der erfüllten Jahrhundertziele. Er wäre zugleich die wahre Einlösung der ursprünglichen marxistischen Idee des historischen Materialismus. Er sei dazu derzeit aber wohl noch in einem Anfangsstadium (Xi 2020: S. 14). Doch seine bisherigen Erfolge und die schrittweise Umsetzung der großen Ziele (etwa der zweimal hundert Jahre) beweisen für Xi den kontinuierlichen Fortschritt auf diesem Weg. Auch das Selbstverständnis, China löse damit in Zukunft nun auch die Marx'sche Prophezeiung der klassenlosen Gesellschaft ein, soll und muss also Partei und Volk beseelen. Es bedeutet nämlich, dass das Wiederaufleben des chinesischen Volkes gleichgesetzt wird mit der kommunistischen Einlösung einer klassenlosen und deshalb harmonischen Gesellschaft als höchste und letzte Stufe der menschlichen Entwicklung. So sieht Xi sein China also auf dem Weg zur Erfüllung eines nunmehr zweifachen großen Traumes, um damit diese nunmehr noch größere Vision wahr werden zu lassen (▸ Dar. 5).

Meilensteine auf dem Weg

Der Weg dahin ist gepflastert mit einigen Unterzielen als Meilensteinen. Die zweimal hundert Jahre sind dabei selbst noch eine recht abstrakte Zielvorgabe. Die Überwindung der Armut durch die Er-

---

31   Vgl. Heilmann/Shih/Heep (2016: S. 31).

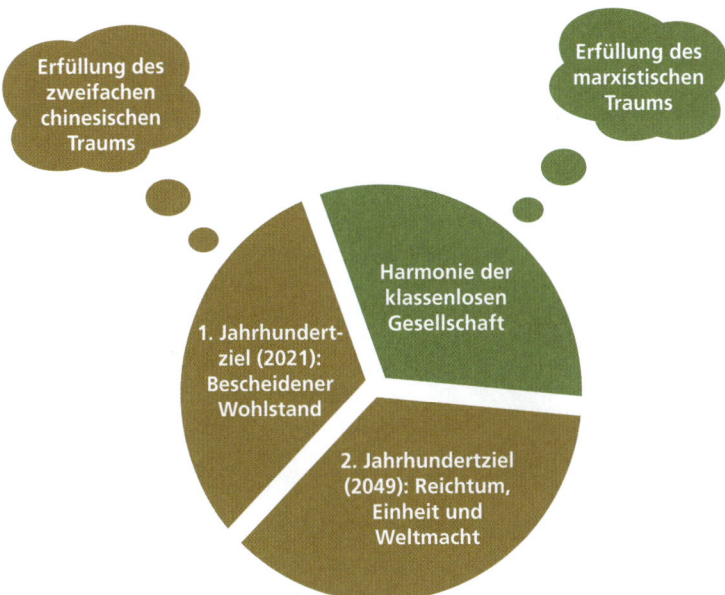

Dar. 5:   Die große chinesische Vision – zwei große Träume werden wahr

richtung einer Gesellschaft mit bescheidenem Wohlstand gilt für Xi ja als bereits eingelöst. Nun geht es also in den nächsten Jahren bis 2049 um den Aufbau eines großen sozialistischen Landes und letztlich um das Wiederaufleben der mit Taiwan geeinten großen chinesischen Nation mit erheblichen Konsequenzen auch für die Weltordnung. Das ist das zweite Jahrhundertziel. Chinas Wohl ist, so die immer wieder betonte Überzeugung von Xi, dabei auch der Schlüssel zum Wohl der ganzen Welt (Xi 2018: S. 543; Xi 2020: S. 550):

> » Die Verwirklichung des Chinesischen Traumes wird anderen Ländern mehr Chancen eröffnen und einen Beitrag zum Frieden und zur Entwicklung der Welt leisten. (Xi 2018: S. 642)

Hierbei auf dem richtigen Weg zu sein, das zu wissen, erfordert eine stetige kritische Selbstüberprüfung. Sie muss sich nach Xi dabei im-

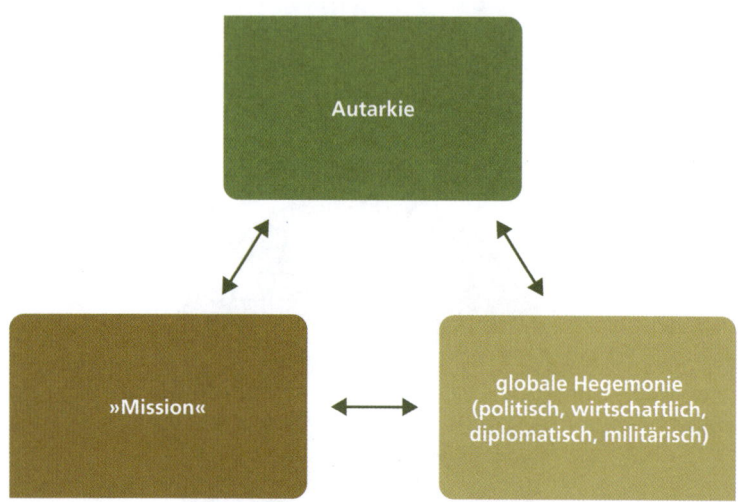

Dar. 6:   Unterziele auf dem Weg zum realisierten chinesischen Traum

mer wieder an den folgenden, sich gegenseitig bedingenden Unterzielen messen lassen (▸ Dar. 6).

Autarkie: Die Unabhängigkeit Chinas im Sinne von politischer, militärischer und wirtschaftlicher Autarkie ist für Xi ein ausdrückliches Ziel seiner Politik (Xi 2020: S. 37, 340; Xi 2022: S. 130).[32] Energie- und Lebensmittelversorgung sind hier ebenso von zentraler Bedeutung wie die Ausstattung mit notwenigen Rohstoffen (Xi 2022: S. 245, 460). Solche wirtschaftliche Unabhängigkeit ist auch ein machtpolitisches Instrument. Denn dann braucht es weniger Rücksichten auf Befindlichkeiten oder Kritik anderer Länder.

---

32   »Aus Chinas 14. Fünfjahresplan (2021–2025) und den langfristigen Plänen bis 2035 geht deutlich hervor, dass technologische Selbstständigkeit und globale Führung bei Zukunftstechnologien für Chinas Machthaber eine zentrale Rolle einnehmen.« So Russwurm/Gönner (2022).

Globale Hegemonie: Erklärtes Ziel ist für Xi eine internationale Vormachtstellung Chinas. Zunächst ist dabei etwa die Vormacht im Indopazifik nur ein erster Meilenstein auf dem Weg zu angestrebter globaler Dominanz.

> China will die Welt anführen mit der besten Ordnung (Xi 2020: S. 163) und muss dazu »aus den Völkern der Welt herausragen« (Xi 2018: S. 73), um durch »wirtschaftliche, wissenschaftliche, militärische und umfassende Stärke … weltweit führend zu werden« (Xi 2020: S. 12).

Ist dieses Ziel erreicht, dann ist China auch politisch unabhängig und muss sich von außen überhaupt keine Vorschriften mehr machen lassen. Erste Erfolge dieses Kurses sind schon deutlich erkennbar: Politische Einmischungen von außen, etwa in Menschenrechtsfragen, werden von der KPCh ja bekanntlich zumeist ohne große Konsequenzen von Seiten der freiheitlichen Welt schroff zurückgewiesen (Xi 2018: S. 350, 639). Solche auch ideologische Unabhängigkeit von äußerer Einmischung und Kritik ist für Xi ein wesentlicher Ausdruck des Wiederauflebens der großen chinesischen Nation. Sie zeige sich also politisch, wirtschaftlich, diplomatisch und militärisch:

● Politisch: Das wieder erblühende China auf dem Weg zur Erfüllung seiner großen Vision bringt nach Überzeugung von Xi der Welt unter seinen Bedingungen gemeinsamen Wohlstand, Harmonie und Frieden. Die Teilziele des chinesischen Traums werden hierbei ausdrücklich und unmittelbar segensreich auf die ganze Welt übertragen: »Wir wollen uns für eine Welt mit allgemeinem Wohlstand und frei von Armut einsetzen« (Xi 2020: S. 549). Der Fortschritt der Menschheit wird also an die Entwicklung Chinas gekoppelt (Xi 2020: S. 272). Patriotische Gedanken drücken sich dabei im Anspruch der Überlegenheit des chinesischen Weges gegenüber den Wegen anderer Nationen und Wirtschaftsordnungen aus (Xi 2018: S. 24, 75, 77, 262). China bekämpft hierbei vor allem den kapitalistischen Westen ideologisch und will dessen führenden Einfluss bei der Gestaltung der Weltordnung ersetzen (Xi 2018: S. 77; Xi 2022: S. 593).[33] Schließlich habe dieser kapitalistische Weg in die Irre geführt, und die Schere zwischen Reich und Arm sei so weiter auseinandergegangen (Xi 2022: S. 167). Diese Rivalität ist ein erklärter Kampf der Systeme. Auch den Vereinten Nationen wird von Xi ein verfehltes Welt-Regiment vorgeworfen:

>> Wir müssen Pläne zur Reform internationaler Regeln und Mechanismen vorschlagen, die ungerecht und unvernünftig sind und positiven internationalen Trends zuwiderlaufen, um Reformen in der globalen Governance voranzutreiben und zum Aufbau einer globalen Gemeinschaft mit gemeinsamer Zukunft beizutragen. (Xi 2022: 343)

- Xi beansprucht für China dabei also immer mehr und immer eindringlicher selbst diese internationale Führungsrolle für sich und schmiedet hierzu zahlreiche gewichtige internationale Allianzen, allen voran im Verbund von BRICS+.
- Wirtschaftlich: Der Weg Chinas an die Spitze der Weltwirtschaft ist weitgehend gelungen. Dafür sprechen trotz einiger Dämpfer der letzten Jahre fast alle entsprechenden Kennzahlen. Xi (2018: S. 325–339) will in diesem Fahrwasser »China zu einer Weltmacht in Wissenschaft und Technik aufbauen«. Denn es soll »den internationalen Wettbewerb anführen« (Xi 2020: S. 305). Xi (2020: S. 585) verspricht hierbei, dass wirtschaftliche Beziehungen mit anderen Ländern stets »zum gegenseitigen Nutzen« eingegangen werden: vor allem mit dem von Xi massiv geförderten globalen Projekt der neuen Seidenstraße. China bietet hierbei ärmeren und dabei gerne auch autoritär regierten Ländern (z. B. in Afrika, aber auch in Südeuropa u. a.) etwa für Infrastruktur-

---

33   Vgl. Oud (2023: S. 38).

projekte zunächst verlockende Konditionen an. Dabei ist keine Einmischung in innere Angelegenheiten zu erwarten, etwa bei Menschenrechtsfragen, anders als bislang durch die EU oder die USA. Eine schnelle und unbürokratische Umsetzung der Projekte wird versprochen und zumeist auch realisiert. Das überzeugt am Anfang viele. Die Kehrseite der Medaille aber ist: Die Vergabe der Aufträge an Unternehmen, die anschließend die Infrastruktur erstellen, erfolgt dann an vergleichsweise teure chinesische Staatsfirmen. Es werden hierbei (staatliche) chinesische Kredite an die ärmeren Länder vergeben. Und zugleich fließt das geliehene Geld wieder zurück nach China. Und wenn am Ende die Kredite nicht zurückgezahlt werden können, was oft genug der Fall ist, entstehen neue und dauerhafte ökonomische u.a. Abhängigkeiten auch von Regierungen gegenüber China.[34] Das stärkt wiederum die internationalen Netzwerke chinesischer Macht.

> Das vordringliche Ziel solcher Politik ist es, »wirtschaftliche Stärke in internationale institutionelle Autorität zu verwandeln.« (Xi 2018: S. 259)

Ökonomische Macht ist also ganz ausdrücklich ein maßgeblicher Hebel auch für die politische Macht auf dem Weg zu einer sinisierenden Veränderung der Weltordnung (Xi 2020: S. 386, 401).

• Diplomatisch: Xi (2018: S. 144, 261, 552, 558) wünscht sich eine Weltordnung in Frieden, Fairness, Harmonie, Gerechtigkeit und Vertrauen. China strebe, so die stets wiederholte öffentliche Kommunikation nach außen, keine Hegemonie und Expansion an (Xi 2020: S. 70), dulde keine ethnische Überlegenheit oder andere globalen Machtmonopole und werde auch kein Leid über andere Länder bringen (Xi 2018: S. 547, 662, 666; Xi 2020: S. 566).

---

34   Vgl. Hermanns (2021: S. 5).

Was aber bei solchen schönen Formeln zu beachten ist: Die Erfüllung der chinesischen Interessen hat bei der inhaltlichen Interpretation und der faktischen Umsetzung solcher Versprechen immer Vorrang. Und dann zeigt sich schnell das wahre Gesicht. Die Einlösung chinesischer Interessen ist stets die Bedingung für Abkommen mit anderen Ländern sowie für die Formulierung, Deutung und Umsetzung gemeinsamer Ziele. Verträge unter Ländern sollen unter der Überschrift »Mitdenken – Mitgestalten – Mitprofitieren« (Xi 2020: S. 543) bilateral auf Augenhöge geschlossen werden ohne internationale Einmischung, so die wiederum zunächst schön klingenden Floskeln. China als das in der Regel weitaus stärkere Land ist bei solchen Verhandlungen aber natürlich in einer starken Machtposition. Es kann und wird die Vertragsbedingungen dann stets im Sinne seiner Interessen diktieren. Das Spinnen eines immer größer werdenden Netzes von Abhängigkeiten sehen wir ja etwa im Ausbau der Seidenstraße. Auch die Liebe der Chinesen für den Frieden wird von Xi dabei zugleich als große globale Mission ausgerufen. Frieden kann danach aber, da fließt nun wieder Wasser in den Wein, für Xi nur dann Wirklichkeit werden, wenn zuallererst die chinesischen Forderungen und Entwicklungsinteressen befriedigt sind (Xi 2018: S. 511, 546). Für deren Durchsetzung wird das Militär ganz ausdrücklich zum Kämpfen und Siegen ausgebildet.

> Es sind also »notfalls Zwangsmaßnahmen zu ergreifen, um so Feindseligkeit in Freundschaft umzuwandeln.« (Xi 2018: S. 640)

Frieden, Harmonie und Freundschaft sind nach einer solchen Definition also nur dort vorhanden, wo Chinas Weg zur Erfüllung seiner großen Vision unterstützt wird (Xi 2018: S. 667; Xi 2020: S. 553). Dies ist ein Anspruch, der mit den Ideen einer imperialen Pax Romana oder einer Pax Islamica einer weltweiten islamischen Familie (Umma) vergleichbar ist, nunmehr aber unter sinisierend autoritärer Flagge.

- Militärisch: Chinas Ziel muss es für Xi (2018: S. 500) sein, »in der zukünftigen militärischen Konkurrenz eine strategische Überlegenheit zu erzielen«. Auch die militärische Stärke soll China an die Spitze der Welt führen (Xi 2020: S. 236). Solche Macht soll zuerst und unbedingt die Tür öffnen zur ersehnten Wiedervereinigung mit Taiwan, aber auch für die Durchsetzung darüber hinausgehender Gebietsansprüche, etwa gegenüber Nachbarländern, aber auch weit darüber hinaus. Zuerst aber ist natürlich Taiwan im Fadenkreuz: Die aus der Zeit des Bürgerkriegs resultierende Spaltung der Nation (Festlandchina und Taiwan) ist aus Regierungssicht des Festlandes eine schwärende Wunde, die es nun sehr bald zu schließen gilt. Und die, so die immer wiederholte und unmissverständliche Ankündigung von Xi (2020: S. 517), notfalls auch mit militärischen Mitteln geheilt wird. Spätestens zum nächsten großen Jubiläum im Jahr 2049 soll diese Einheit unbedingt wieder hergestellt sein. Echter Krieg muss dazu also jetzt vorbereitet werden:

>> Dabei dreht sich alles darum, Krieg zu führen und über Feinde zu siegen. (Xi 2018: S. 493; vgl. Xi 2022: S. 94)

- Und das gilt nicht allein für die Taiwan-Frage, sondern auch für künftige Konflikte (Xi 2018: S. 511, 548; Xi 2020: S. 7, 28, 64). Der Parteidoktrin folgend, wird jeder, der China als Feind sieht, China zum Feind haben. Wer nicht gefügig ist, bekommt das kriegerische Gesicht Chinas zu sehen: »dann werden wir euch bekämpfen, bis zum Ende und um jeden Preis«, so der linientreue Finanzprofessor Li Daokui im Jahr 2020.[35] Wer sich also mit China anlegt, befindet sich zwangsläufig »auf Kollisionskurs mit einer großen Mauer aus Stahl, die von über 1,4 Milliarden Chinesen geschmiedet wurde.« (Xi 2022: S. 14) Die offenbar jetzt schon

---

35   So zitiert bei Theveßen (2022: S. 44).

bestehende militärische Übermacht Chinas zumindest im Südpazifik hat inzwischen selbst die USA aufgeschreckt und zu einem Prozess neuer militärischer Aufrüstung geführt.

Mission: Die hegemonialen Ansprüche haben zugleich eine internationale missionarische Wirkung, mit der Xi (2018: S. 76) ausdrücklich eine nationale Prägung sinisierend auf die globale Ebene zu übertragen beansprucht.[36]

> Erklärtes Ziel ist und bleibt für Xi die »Umgestaltung der Welt durch die KP Chinas.« (Xi 2014: S. 30; vgl. Xi 2022: S. 32)

Im Blick auf diese Gestaltung einer neuen Welt- und Werteordnung gelte es, »von Anfang an bei der Entstehung dieses Spiels und bei dessen Gestaltung eine größere Rolle zu spielen, bei der Ausarbeitung der Spielregeln maßgeblich mitzuwirken und eine führende Funktion zu erfüllen.« (Xi 2014: S. 150)[37] Die Welt soll also nicht bloß von einem Wiederaufleben Chinas sekundär profitieren. Sie soll auch dessen Vorrang in der Welt akzeptieren und davon lernen, weil das neu erblühte Reich der Mitte »der Welt chinesische Weisheit und Ansätze für die Lösung der Menschheit anbietet.« (Xi 2018: S. 72) Die eigenen chinesischen Werte werden hier als quasi naturrechtliche Menschheitswerte deklariert.[38] Mit solcher totalitären Überheblichkeit verbunden ist Xis Anspruch zur Veränderung internationaler Kultur, im Zweifel auch durch Gewalt und Zwang: Sinisierte Philosophie und Sozialwissenschaften sollen das Denken der Welt verändern und bestimmen, das wird als das »Gesetz der Evolution von der Partikularität zur Universalität« interpretiert (Xi 2018: S. 415). Diese Mission der Sinisierung bedeutet nun aber nicht etwa, dass

---

36   Mit dieser Einschätzung trete ich der Auffassung von Sieren (2023) entgegen, der einen solchen missionarischen Anspruch Chinas nicht sieht.
37   Vgl. Sieren (2018: S. 362f.).
38   Vgl. Theveßen (2022: S. 52).

andere es China in allem gleich machen sollen. Das würde geradezu dem nationalistischen Überlegenheitsgefühl widersprechen. Für die Sinisierung braucht es auch keine kommunistische Weltrevolution. In diesem Sinne mag Susan Shark von der University of California in San Diego Recht haben, wenn sie meint: »Ich glaube nicht, dass Peking das Evangelium von der Herrschaft der Kommunistischen Partei in der ganzen Welt verbreiten will.«[39] Vielmehr soll aber, und auch darin ist das Ansinnen Xi Jinpings sehr ernst zu nehmen, auf welchem Weg auch immer, die Dominanz Chinas in der Welt hergestellt werden.[40] Hierfür sind aber die konkurrierenden Machtbündnisse mit ihren Menschen- und Gesellschaftsbildern zu zersetzen und dabei gerne auch (noch) demokratische Länder in den Bann Chinas zu ziehen. Xi und seinen Genossen geht es also aus einem Selbstbewusstsein der Überlegenheit heraus um eine Subordination anderer Länder, die dann voller Ehrfurcht auf die chinesischen Errungenschaften blicken und sich – wie früher Unterworfene gegenüber den chinesischen Kaisern – als Vasallen gerne davon belehren und leiten lassen. China will ja unter Xi die »Demokratisierung der internationalen Beziehungen weiter vorantreiben« (Xi 2018: S. 661, vgl. ebd.: S. 639) und so mit seinem eigenen marxistisch-volkszentrierten Verständnis von Demokratie, Recht und Menschenwürde die Regeln der Welt als Teil seiner Vision verändern. Der chinesische Traum wird somit auf die ganze Welt übertragen, und China sieht sich dabei naturgemäß in der entsprechend führenden Rolle (Xi 2014: S. 67–68). Damit untrennbar verbunden ist und bleibt die Vorstellung von den überlegenen, neuen chinesischen Menschen, die jetzt gerade erzogen werden oder schon erzogen wurden.

---

39   So zitiert bei Naß (2021: S. 293).
40   Vgl. Theveßen (2022: S. 14, 98).

Zusammenschau

Somit repräsentiert also der Käfig folgende Fundamente a priori:

* Führungsrolle der KPCh: Kongruenz von Partei und Volkswille mit den daraus abgeleiteten Ansprüchen einer sog. Volksdemokratie.

* Parteiideologie: Festhalten an der Idee eines wissenschaftlichen Marxismus, der sich praxisnah weiterentwickelt, orientiert an den konkreten Realitäten Chinas. Wertegrundlage ist hierzu das Ideal von einem neuen chinesischen Kollektivmenschen mit Kampf- und Tugendidealen im Dienst an Volk und Partei. Dieser Mensch erfährt seine ihm kollektivistisch zugesprochene Freiheit in der Erfüllung dieses Dienstes. Dazu verinnerlicht er auch solche gut ausgewählten Ideen, die für diesen Dienst nützlich sind, auch wenn diese nicht der marxistischen Tradition entnommen sein mögen. Er adoptiert sie in seine marxistische Identität.

* Vision: China realisiert, orientiert an den vier Grundprinzipien, Schritt für Schritt einen zweifachen Traum: Wiederaufleben als mächtiges Land und Erfüllung des Historischen Materialismus in der klassenlosen Gesellschaft. Der chinesische Traum veredelt die marxistische Ideologie und umgekehrt. Die Verschmelzung beider Träume macht das Wesen der großen Vision des Sino-Marxismus aus. Meilensteine auf dem Weg sind Autarkie, globale Hegemonie sowie die sinisierende Mission zur Umgestaltung der Weltordnung nach chinesischen Regeln. Mission meint damit den Weg zu einer angestrebten globalen und umfassenden Vormacht der chinesischen Kultur. Andere Kulturen sollen sich unterordnen wie einst Vasallen dem Kaiser. Die großen Unterziele bedingen sich gegenseitig. Ihre erfolgreiche Einlösung ist für Xi der Beleg dafür, dass China auf dem richtigen Weg ist, die große Vision in die Tat umzusetzen. Sie zu erreichen, dem müssen also Käfig und Vögel dienlich sein.

Baumeister und Hüter: Aufgabe und Ethos

Auch die Garanten für die Umsetzung der ideologischen Fundamente des Sino-Marxismus sind aus Sicht von Xi gesetzt: Er selbst als der überragende Führer und die Partei sind dessen unangefochtene Baumeister und Hüter. Für die Übernahme dieser unumschränkten Macht und Verantwortung braucht es einen sehr starken Willen. Die zugesprochenen Rollen der Baumeister und Hüter des Käfigs sollen nun vorgestellt werden. Und dazu gehört ebenso das anspruchsvolle Ethos, das für ein solch erfolgreiches Handwerk zu seiner Erstellung und dauerhaften Erhaltung nötig ist.

Xi – der ideologische Baumeister und Hüter

Xi Jinping versteht sich selbst als den ideologischen Baumeister und Hüter des Käfigs. Er selbst gibt die großen Linien, Prinzipien, Ziele, Tugenden sowie das Menschen- und Gesellschaftsbild vor. Er steckt damit den Rahmen ab für die Aufgaben der Partei und organisiert in ihr entsprechende ideologische und personelle Reinigungen. Das Volk soll unbedingt loyal sein zur Partei, die Partei zum ZK, und das ZK gegenüber ihm. Aber dieses autokratische Selbstverständnis geht noch einen wichtigen Schritt weiter: Xi identifiziert seine eigenen Meinungen und Erwartungen mit denen des Volkes (Xi 2020: S. 186; Xi 2022: S. 75). Er ist das Volk. In seinen Reden wird zunehmend die Zeit seiner Regierung (ab 2012) als die neue Ära zur Erfüllung des zweifachen Traums interpretiert. Bei seinen historischen Referenzen, die immer wieder einfließen, fällt auf, dass Xi sich neben den wiederholten Bezügen zu Deng offenbar immer mehr in der Nachfolge des absoluten Autokraten und Diktators Mao sieht (Xi 2022: S. 28, 206, 349 u. a.). Und dies mag durchaus überraschen. Denn er und seine Familie hatten unter Maos Diktatur zu leiden. Xi Jinpings Vater Xi Zhongxun wurde als glühender Kommunist nach seinem Aufstieg zum Vize-Premier der Volksrepublik in der Kulturrevolution von Mao entmachtet und inhaftiert. Damit waren die zunächst

Dar. 7:   Das Porträt des Staatsgründers Mao Zedong am Eingang zum Kaiserpalast signalisiert im wahrsten Wortsinn, dass er und die von ihm gegründete Volkspartei weiterhin im politischen Zentrum Chinas stehen.

privilegierten Jahre des »Prinzlings« Xi Jinping erst einmal vorbei. Trotz solcher erlittenen Demütigungen ist Xi der Partei immer treu geblieben und stellt sich nun sogar selbst in eine Reihe mit Mao. Das aber wohl nicht aus Gründen persönlicher Sympathie, sondern aus einem machtpolitischen Kalkül. Ein entsprechender Personenkult etwa mit käuflichen Büsten von Xi und Mao, fein in Geschäften nebeneinander aufgereiht, gehört heute dazu.[41] Xi will nicht Mao und seine Politik kopieren. Doch er sieht sich in derselben absoluten Machtposition wie Mao. Und Mao genießt ja bis heute noch viel Ansehen in China. Trotz all seiner Verbrechen und politischen Fehler. Was aber in den Reden von Xi noch weit mehr als eine solche Referenz an Mao überrascht: Selbst die absolute Monarchie in früherer Kaiserzeit findet bei ihm bisweilen eine zumindest neutrale Erwähnung (Xi 2020: S. 159). Dies alles spricht dafür, dass Xi sich in einer starken Herrschaftradition als wohlmeinenden Diktator versteht, der den Willen des Volkes wie den gesunden Geist der Partei verkörpert. Er persönlich also bringt China auf den richtigen Weg, die großen Träume zu erfüllen. Damit ist er vor der Partei der ei-

---

41   Vgl. Naß (2021: S. 71, 78).

gentliche, der ideologische Baumeister und Hüter des Käfigs. Und so kann er dann auch selbstbewusst an die alte konfuzianische Tradition anknüpfen, die ausdrücklich keine personale Autorität in der Transzendenz kennt.[42] Xi braucht also keine Machtlegitimation von Gottes Gnaden. Die Autorität liegt in China traditionell beim jeweiligen Herrscher, in dessen Rolle sich nun Xi offenbar sieht. Die behauptete Diktatur des Volkes wird letztlich repräsentiert durch eine persönliche Diktatur von Xi Jinping.[43]

Die KPCh – die operative Baumeisterin und Hüterin

Der kommunistischen Partei kommt nun die *operative* Führungsrolle als Baumeisterin und Hüterin des Käfigs zu. Das ideologisch vorgegebene Gesellschafs- und Menschenbild samt Vision muss ja in der Gestaltung der gesellschaftlichen Rahmenbedingungen wie der gelebten Sozialkultur konkretisiert werden. Die KPCh ist in dieser Rolle eine Kampfpartei im Dienst des Volkes, ausgestattet mit den Instrumenten des wissenschaftlichen und praxisnahen Sozialismus im Dienst der großen Vision. Für ein entsprechend erfolgreiches Handwerk braucht es ein klares Bewusstsein und edle Tugenden als *Ethos*, auf das Xi die Partei immer wieder eindringlich einschwört.

Die Partei trägt eine nicht zu überschätzende historische Verantwortung für die Realisierung des zweifachen großen Traums: ideologisch, selbstbewusst und motivierend. Denn dieses Ziel gilt nunmehr als die große und einmalige Mission für eine Befreiung der Menschheit unter der Führung von China und seiner Kultur. Die KPCh ist als Baumeisterin und Hüterin des Käfigs operativ verantwortlich für das Wiederaufleben eines mächtigen Chinas. Sie ist damit ebenso Baumeisterin und Hüterin auf dem Weg zur Befreiung der Menschen

---

42   Vgl. Sohst (2019).
43   Vgl. Naß (2021: S. 91).

in der erhofften marxistischen Endstufe des Historischen Materialismus. Beides bedingt sich im Rahmen der großen Vision idealerweise gegenseitig. Solche stolze Verantwortung muss und soll das Parteibewusstsein bestimmen.

Die Partei muss sich – so Xi – in dieser großen Verantwortung ideologisch immer wieder bewusst machen, wo China gesellschaftlich auf dem Weg zur Erfüllung des zweifachen Traumes steht. Die Marx'sche Dialektik geht materialistisch davon aus, dass das menschliche Sein das Bewusstsein bestimmt. Oder, um es mit Berthold Brecht zu sagen: Das Fressen kommt vor der Moral. Und deshalb gilt es in einer dialektischen Situation zuerst die Strukturen zu ändern, dann erst die Herzen der Menschen. Vor diesem Hintergrund mag es uns nun überraschen, wenn Xi dementgegen immer wieder die zentrale und vorrangige Bedeutung von Tugend und Tugendbildung betont. Etwa so: »Ideen gehen Handlungen voraus. Eine gewisse Entwicklungspraxis wird durch eine gewisse Entwicklungsidee geleitet.« (Xi 2018: S. 239) Hier geht der Idealismus offenbar dem Materialismus voraus, wenn »selbst ein Koch in der Roten Armee versteht, dass die Frage der Orientierung wichtiger ist als die Frage des Essens.« (Xi 2020: S. 125f.) Dann zählt also zuerst die Tugend, dann die materielle Umsetzung. Diese Priorität ist nun aber nicht als ein Bruch mit Brecht oder gar dem historischen Materialismus zu verstehen. Vielmehr verrät eine solche Deutung Xi Jinpings Standortbestimmung von China auf dem Weg zum erfüllten marxistischen Traum. Die vorrevolutionäre Stufe war geprägt davon, die feudalen Strukturen in China gewaltsam zu beseitigen. Hier galt ganz praktisch der materialistische Vorrang des Seins vor dem Bewusstsein. China hat diese Phase, das ist für Xi offenbar klar, aber nun endgültig hinter sich gelassen. Für Xi ist es also unzweifelhaft, dass die chinesische Gesellschaftsstruktur als Ganze in Zukunft nicht mehr das Ziel eines Umsturzes sein darf. Denn sie wird ja als wahre und beste Volksdemokratie von der kommunistischen Partei unter seiner Autorität geführt. Unter diesen aus Xi Jinpings Sicht grundsätzlich guten Bedingungen müssen weitere Fortschritte nunmehr anders als durch Gewalt erzielt werden: Nicht durch Umsturz, sondern durch Tugend.

Im Mittelpunkt der Parteiarbeit soll also jetzt in dieser fortgeschrittenen Phase die Erziehung und Charakterbildung zu den neuen chinesischen Menschen stehen, die dann die weiteren Schritte auf dem Weg zur Erfüllung der Träume gehen können und sollen (Xi 2018: S. 432). Im Blick auf die Armee formuliert Xi (2020: S. 492) diese Tugend-Bildung nun paradoxerweise fast identisch zum programmatischen Leitbild »Be Know Do«[44], wie es das Führungsinstitut der US-Streitkräfte lehrt: Charakterbildung und der Glaube an Ideale müssen danach an erster Stelle stehen: »Wir wollen Wert sowohl auf moralische Integrität als auch auf fachliche Kompetenz legen, wobei das Erstere Vorrang hat, und nur anständige und fähige Menschen heranzuziehen sind.« Gemeint ist dabei selbstverständlich die Loyalität zur Parteilinie und zum großen Führer als das leitende Maß der Anständigkeit, das ist selbstverständlich der wesentliche Unterschied zu den Idealen der US-Armee.

Die Partei muss bei dieser Gestaltung, aber auch in der Durchsetzung von Regeln, Moral und Gesetzen Widerstände erwarten und sie innerlich geschlossen notfalls mit Gewalt siegreich überwinden (Xi 2018: S. 59). Allein so kann sie die Bahn für die Realisierung der chinesischen Vision frei machen. Hierzu braucht es nun die Gabe der Unterscheidung der Geister: »Wir müssen eindeutig an der Wahrheit festhalten und irrige Thesen entschieden widerlegen.« (Xi 2020: S. 399) Xi fordert von der Partei dazu einen Geist des harten Kampfes, der die Tradition des entbehrungsreichen Langen Marsches von Mao mit seinen Genossen fortschreiben soll: überzeugt, entschlossen, mutig, kämpferisch, opferbereit (Xi 2018: S. 53–56; Xi 2022: S. 69). Dieser Weg soll in der Partei vorbildlich beschritten und vorgelebt werden, was immer wieder Prozesse der seelisch-politi-

---

44   Vgl. Leader to Leader Institute (2004).

schen Schulung und auch der schmerzhaften Selbstreinigung mit entsprechenden Sanktionierungen nötig macht. Es sei deutlich zu »sagen, was wahr, gut und schön ist, was falsch, böse und hässlich ist, was anerkennenswert und lobenswert ist und was abzulehnen und abzustreiten ist.« (Xi 2014: S. 15) Eine Kritik an der grundsätzlichen Parteilinie gilt dabei als unmoralisch und unanständig. Denn wer die wissenschaftlich begründete und deshalb für objektiv richtig gehaltene Moral nicht annimmt, gilt als Feind der Partei, als unpatriotisch, als ungesund für das Volk und damit als dessen Feind. Xi wendet diese schroffe Feind-Freund-Logik immer wieder mit abwertenden Titeln an, indem er solche Parteimitglieder als hässlich, als Schande, Schmutz, Abschaum, Parasiten, Viren oder anderes bezeichnet (Xi 2018: S. 143, 494; Xi 2020: S. 95 u. a.).

> Xi fordert zur Selbstreinigung der Partei eine »mutige Praxis der Selbstreform« und dazu die Fähigkeit, »die Klinge nach innen zu drehen, um das verrottete Fleisch auszurupfen«.[45]

Trägheit, Inkompetenz, Volksferne, Korruption, Sektierertum mit individueller Agenda, Cliquenbildung oder separatistische Haltungen etwa in der Taiwanfrage sind dabei für ihn absolut inakzeptabel (Xi 2018; S. 52, 179). Hier greift er mit harter Hand und »ohne Erbarmen« durch.[46] Und bei diesem Kampf wurden und werden auch immer wieder gerne politische Widersacher Xi Jinpings aus ihren Ämtern entfernt. Für solche Säuberungen gibt es zahllose Beispiele.[47]

Die Partei muss und soll die internen Fehler im systemisch-konstruktivistischen Sinne aus sich selbst erkennen und lösen, also aus eige-

---

45   Die Zitate finden sich bei Oud (2023a: S. 81) mit Verweis auf die Rede von Xi auf dem 6. Plenum des 9. ZK der KPCh am 11.11.2021.
46   Vgl. Naß (2021: S. 126).
47   Vgl. Naß (2021: S. 69ff.)

ner Kraft ihre Selbstheilungskräfte aktivieren und sie konsequent einsetzen (Xi 2018: S. 70, 132; Xi 2020: S. 464; Xi 2022: S. 32).

So »müssen sich alle Parteimitglieder und Kader regelmäßig politischen »Gesundheitskontrollen« unterziehen, damit ein politischer Kehraus vollzogen, die politische Seele gereinigt und unsere politische Immunität gestärkt wird.« (Xi 2020: S. 129)

Politische Gesundheit bedeutet unbedingte loyale Linientreue, weil in dieser Ideologie nur so die große Vision erfüllt werden kann und weil nur so die Partei Vorbild für das ganze Volk sein kann, dessen Wille sie ja ihrem Selbstanspruch nach repräsentiert und verkörpert. Xi fordert für eine solche seelisch-politische Gesundheit zum einen das Auswendiglernen der Originaltexte von Marx, Engels und Mao, zum anderen eine starke Praxisorientierung an den gesellschaftlichen Realitäten vor allem in China (Xi 2018: S. 9, 656). Das fördere die Verinnerlichung der Ideen. Und es bewahre zudem die Menschen vor verfälschter Lehre einerseits, vor abstraktem Dogmatismus andererseits. Mit dieser so gereinigten Seele haben die Parteimitglieder dann im Sinne Xis eine ideologisch gesunde Tugend im treuen Dienst am Volk und an der Erfüllung der großen Träume.

Ein solcher Habitus der Unterscheidung der Geister gilt nicht nur für die interne ideologische Reinigung der Partei, sondern auch für einen verantwortlichen Umgang mit der geforderten Praxisnähe. Kreative Irritationen (– im systemischen Sinne bei Niklas Luhmann spricht man hier von Perturbationen –) durch alte oder neue interne und auch externe Ideen sind hingegen stets willkommen, sofern sie anschlussfähig an das sino-marxistische Ideal sind. Sie müssen also der Verwirklichung des chinesischen Traums unter Wahrung der vier Grundprinzipien nützlich sein. Neben der Neugier an dem nützlich Neuen muss sich die Partei aber zeitgleich ebenso eine Skepsis bewahren gegenüber möglichen Adoptionen, die schädlich sind. Gefahren bestehen danach in »Mammonismus und Hedonismus, extremem Individualismus und historischem Nihilismus« (Xi 2020: S. 430) sowie ausdrücklich in »ethnisch separatistischen und religiös radikalen Aktivitäten« (Xi 2020: S. 385f.). Die Interpretation, was hier genau extrem oder radikal bedeutet, liegt selbstverständlich in der Definitionshoheit von Partei und Xi. Solche Störungen der patriotischen Harmonie und Loyalität sind sehr unerwünscht und müssen mit aller Konsequenz überwunden werden. Davor gilt es, so Xi, stets auf der Hut zu sein. Die Partei muss also grundsätzlich in allen Fragen möglicher Adoption alter und neuer Ideen mit der entsprechenden Skepsis die moralische Hüterin für eine solche Unterscheidung der Geister sein und damit Freunde von Feinden unterscheiden. Feinde und Feindseliges müssen dabei nicht nur identifiziert, sondern anschließend auch konsequent eliminiert werden. Diese Verurteilungen von empfundener Illoyalität gegenüber der Parteilinie innerhalb und außerhalb der KPCh entsprechen wesentlich der marxistischen Kampfidee, die auf diese Weise aus der Sicht von Xi mit den Gittern des Käfigs deutlich spürbare Grenzen ziehen soll.

Ein mächtiges Instrument der Partei ist hierbei die sog. Volksbefreiungsarmee. Sie ist keineswegs ein Organ des Staates, sondern ein starker Arm der Partei in die Gesellschaft hinein. Die Vorgaben besonderer ideologischer Reinheit und Loyalität finden hier eine herausragende Ausprägung.

Zusammenschau

So können wir nun für die Baumeister und Hüter des Käfigs folgende Positionen zu Selbstverständnis und Ethos festhalten:

- Ideologischer Baumeister und Hüter des Käfigs ist Xi Jinping. Er gibt der KPCh die große Vision vor. Dazu zählt dann auch, welche Ideologie, welcher Geist und welches Leben als gesund, patriotisch und edel angesehen werden.

- Operative Baumeisterin und Hüterin des Käfigs ist die KPCh, die unter der Weisung und Überwachung durch den überragenden Führer die konkreten Baumaßnahmen vornimmt und auf dem Weg zur Umsetzung der großen Vision mit leuchtendem Beispiel vorangeht.
- Ethos des Handwerks: China sieht sich historisch am Anfang der kommunistischen Endstufe, wo nunmehr ein Vorrang der Charakterbildung vor dem grundlegenden institutionellen Wandel besteht. Vorbildliche Parteitugenden als Ethos beim Bau und bei der Bewahrung des Käfigs sind: stolze Verantwortung, Vorrang der Tugendbildung, sozialistisch reine Seele, Neugier und gesunde Skepsis gegenüber Neuem zur Unterscheidung der Geister und notwendige Exklusion unerwünschter Störungen, seien sie nun durch Menschen oder Ideen verursacht.

8
Die Vögel im Käfig

Nun können wir mit unserer Lupe in einem nächsten Schritt auch die Vögel in den Blick nehmen, die im chinesischen Käfig unter Xis Regiment begrenzt leben und fliegen sollen. Dieses Bild von den Vögeln im Käfig bedeutet inhaltlich nichts anderes, als dass Xi sich als ein Puppenspieler versteht, der die Menschen und Ideen an Fäden hält und bewegt, wie es ihm passt. Dieses Selbstverständnis verkörpert dann zunächst einen nationalen, letztlich aber einen globalen Anspruch. Was für den Puppenspieler die Marionetten, das sind im Käfig die Vögel: Als solche Vögel gelten hierbei Menschen und Ideen, die auf ihre Anschlussfähigkeit an die erwünschte Kultur und damit ihre Dienstbarmachung für die Realisierung der großen chinesischen Vision (Erfüllung der beiden Jahrhundertziele und des marxistischen Traums) geprüft werden. Hierbei ist zunächst zu fragen,

- welche möglicherweise zunächst irritierenden Neuerungen grundsätzlich willkommen sind,
- wie die Stimmigkeit des Fremden mit dem ideologischen System zu gewährleisten ist und schließlich,
- wie die Energien des Neuen zur optimalen Entfaltung im Dienst der Vision freigesetzt werden können.

Abschließend können dann in diesem Kapitel noch einige der im Käfig fliegenden Vögel exemplarisch vorgestellt und in ihrem begrenzten Flug analysiert werden.

Willkommene, gesunde Vögel

Die KPCh will schon lange nicht mehr einfach nur die gescheiterten osteuropäischen Kommunismus-Modelle der Vergangenheit kopieren, sondern neue, eigene Wege beschreiten. Sie verfolgt dazu auch unter Xi konsequent das Ziel, die besten Kräfte und Ideen von nah und fern optimal für eigene Zwecke zu nutzen und anzuziehen (Xi 2019: S. 337). Solche Menschen und Ideen sollen hilfreiche Kraftquellen im Dienst der Vision sein. Damit sind sie willkommene, gesunde Vögel im Käfig.

Das Volk

Die erste und wichtigste Kraftquelle ist das chinesische Volk selbst. Und hierzu zählen ausdrücklich immer auch die Auslandschinesen mit. Als Freunde zählen ebenso solche Menschen, die die große chinesische Vision aus Überzeugung tatkräftig mit befördern. So etwa Wissenschaftler in Diensten der von der Partei kontrollierten Universitäten. Für die propagierte harmonische Kongruenz von Partei- und Volkswillen braucht es dabei ja eine entsprechende Erziehung.

> Die Partei soll hierzu mit ihren Instrumenten »der öffentlichen Meinung die Richtung angeben; der zentralen Aufgabe und der Gesamtlage dienen; das Volk zusammenhalten und dessen Moral stärken; die öffentliche Moral fördern, das Volk erziehen und dessen Kräfte bündeln; irrige Auffassungen widerlegen und die Grenze zwischen Recht und Unrecht klarmachen.« (Xi 2018: S. 404; vgl. Xi 2020: S. 397)

Es braucht hierzu die konsequente Durchsetzung einer moralischen Erziehung des Volkes, um die Träume im vorgegebenen Zeitplan auch wahr werden zu lassen. Was die Partei glaubwürdig vorleben soll, muss möglichst auch das Volk beseelen. Mit Blick auf Partei, Führer und die Vision sind das Glauben, Vertrauen, Zuversicht, Opferbereitschaft, unbedingte Loyalität sowie heroischer Patriotismus und sozialistische Tugenden wie Internationalismus und Kollektivismus (Xi 2020: S. 436, 491; Xi 2022: S. 84, 171).

Ideen

Weitere Kraftquellen sind solche willkommenen fremden Ideen, die nicht selbst der marxistischen Ideologie oder Tradition entsprungen sind. Es handelt sich hierbei um Gedankengut, das zur Realisierung der großen Vision nutzbar gemacht werden kann, ohne dass dabei die ideologischen Grundfesten des Sino-Marxismus oder die Rollen der Baumeister gefährdet werden könnten. Von zentraler Bedeutung ist in dieser Adoptionslogik neben der Offenheit für Altes und Neues das unbedingte Festhalten an den eigenen ideologischen Positionen und den eigenen chinesischen Interessen. Gegen »ungesunde Tendenzen« muss dagegen mit aller Schärfe vorgegangen werden (Xi 2020: S. 400). Dieser Habitus gründlicher Skepsis leitet ja gerade die fundamentale Entscheidung der Partei, welche Vögel überhaupt in den Käfig eingelassen werden und welcher Entfaltungsraum ihnen im Käfig zugesprochen wird. Die marxistisch-patriotische Ideologie darf also niemals durch den Import alter chinesischer Weisheiten oder neuer Gedanken (etwa zu Wirtschaft, Bildung, Religion, Kunst, Wissenschaft, Medien, Militär, Frieden, Demokratie, Justiz, Rechtsstaat) angekratzt oder gar in Frage gestellt werden. Und alles muss immer der verbesserten Umsetzung der eigenen nationalen Ziele dienlich sein: sprich, der Festigung des Machtanspruchs der Partei und ihres Führers sowie der Umsetzung des zweifachen Traums. Dies gilt auch für das Willkommen von Gästen aus anderen Ländern in China. Unter den Bedingungen des Käfigs dürfen und sollen sie wissenschaftlich, wirtschaftlich, militärisch, politisch oder auf anderem Weg gerne ihr Bestes einbringen, das aber bitte nur zum Wohle des chinesischen Volkes und damit im Dienst der großen Vision und also der Partei und ihres Führers.

Alte chinesische Traditionen

Besonders willkommen im Käfig ist als Idee, was im Dienst der Vision vom zweifachen Traum den patriotischen Geist stärken kann. Das gilt etwa besonders für die alten, historischen chinesischen Quellen, die von den Kommunisten lange gemieden wurden. Hierzu zählen die alten Weisheitstraditionen Chinas. Der Marxismus öffnet sich damit seit einigen Jahren vor allem dem Konfuzianismus, und damit einer lange verbrämten, großen kulturellen Tradition (in Anknüpfung an Konfuzius und an seinen wohl bedeutendsten Nachfolger Mengzi u. a.).[48] Er wird immer wieder positiv rezipiert und in die

Dar. 8:   Der Lehrer, Philosoph und Politiker Konfuzius – hier dargestellt auf einem Stich aus dem 8. Jahrhundert – prägt bis heute die nationale Identität und Staatsphilosophie entscheidend.

---

48   Eine quasi religiöse konfuzianische Verehrung in Tempeln und Schulen ist im 20. Jahrhundert verloren gegangen. Vielmehr geht es heute allein um Restbestände einer Denktradition, die sich die KPCh heute zunutze macht. Vgl. van Ess (2023: S. 112f.).

marxistische Ideologie eingepasst. Das erklärt auch die zahllosen Verweise in den Reden Xis auf Zitate von Konfuzius, andere alte Meister und alte chinesische Sprichwörter.

Kulturelle Einflüsse aus dem Ausland

Der Käfig muss sich aber auch öffnen für fremde kulturelle Einflüsse von außerhalb Chinas (Xi 2018: S. 413). Solange diese Einflüsse nun der Verwirklichung des großen zweifachen chinesischen Traums und damit der Herrschaft des Volkes durch die Partei nützlich sind, sind sie willkommen. Und zwar nur dann.

Denn, so Xi:»Wir müssen darauf bestehen, von unseren Bedürfnissen auszugehen, fremde Erfahrungen zu unserem Vorteil zu nutzen und stets scharfsinnig und vernünftig zu bleiben.« (Xi 2018: S. 138) Oder anders gesagt:»die fortschrittliche Kultur des Sozialismus ... muss ihre eigenen Wurzeln im Kopf behalten, sich des Besten aus anderen Ländern bedienen und sich auf die Zukunft einstellen, um den Geist, die Werte und die Stärke Chinas noch besser auszugestalten und dem Volk die geistige Richtung zu weisen.« (Xi 2018: S. 26)

Beispielsweise baut eine solche praxisnahe sozialistische Kultur der Öffnung gerade mit einer so angelegten Legitimation Elemente der Marktwirtschaft ein, so dass die»Sozialistische Marktwirtschaft« gar als die paradox klingende Wirtschaftsordnung in der Präambel der Verfassung Chinas ausgerufen wird. Auch weitere, zunächst westlich klingende Ideen und Konzepte werden adoptiert.

Nicht überraschend ist hierbei der Verweis auf die Demokratie, verstanden sich doch auch andere sozialistische Länder bereits als sog. Volksdemokratien. Das von Xi inzwischen propagierte Ja zu Rechtsstaatlichkeit und zu Menschenrechten klingt hier schon innovativer. Es beinhaltet auch die je eigenen sozialistischen Definitionen von Freiheit in Bildung, Wissenschaft, Religion, Kunst und Medien. All diese Ideen müssen sich, wie auch alle anderen gesellschaftlichen

Bereiche, patriotisch in den Dienst des Volkes stellen, um willkommen zu sein. Sie dürfen keine eigenen Ziele verfolgen oder Meinungen vertreten, die nicht mit den sino-marxistischen Zielen konform gehen.

Zum Beispiel Religion: Sie muss patriotisch sein und der Nation dienen (Xi 2018: S. 369; 2022: S. 302ff.).[49] Minderjährige werden per Gesetz an der Religionsausübung gehindert, damit sie nicht verführt werden von einer vermeintlich falschen Moral. Christlich übersetzte Bibeln dürfen nicht verkauft werden. Christliche Anklänge werden über die internationalen Beteiligungen Chinas an der Filmindustrie auch aus internationalen Streifen getilgt, und vermeintlich allzu christliche Filme (wie Ben Hur) werden in China gar nicht erst gezeigt. Die sog. patriotische katholische Kirche hat sich dementsprechend den sino-marxistischen Zielen untergeordnet und akzeptiert, dass die Bibel umgeschrieben und mit Zitaten von Xi Jinping ergänzt und somit verfälscht wird. Wer sich diesem Zwang widersetzt, muss in den Untergrund gehen, wie etwa die sog. Untergrundkirche. Die Nationalkirche, die bisweilen auch als patriotisch bezeichnet wird, ist dagegen ein verlängerter Arm der Parteiideologie. Sie wird ihrer ureigensten Aufgabe, den Menschen die Tür zur Transzendenz zu öffnen, auf lange Sicht hin wohl nicht gerecht werden können. Denn ihre Predigten und ihr Tun müssen der großen chinesischen Vision untergeordnet werden. Und deren König ist nicht Gott, sondern Xi. Freiheit zum Denken, Reden, Forschen, Glauben und Kreieren ist in dieser Kultur nur im sozialistischen Bewusstsein und damit als Dienst an Volk, Führer und großer Vision erlaubt.[50]

---

49   Vgl. Zhuo (2023).
50   Vgl. Berlenbach (2023).

Zusammenschau

Zusammenfassend im Blick auf die im Käfig willkommenen Vögel kann also festgehalten werden: Das Volk muss eine moralische Umerziehung durchlaufen, um intrinsisch motiviert die große Vision voranzubringen. Die Adoption des Fremden (Menschen, Ideen) aus der alten chinesischen Kultur oder aus anderen Kulturen muss sich stets einer gründlichen ideologischen Prüfung durch die Bauleute und Wächter des Käfigs unterziehen. Bei der Adoption willkommener Ideen sind grundsätzlich zwei Varianten zu unterscheiden: die endogenisierte und die echte Adoption:

Eine endogenisierte Adoption liegt dann vor, wenn Begriffe und Ziele bloß in die sino-marxistische Schablone übersetzt werden, ohne dass damit ein wirklich neuer Inhalt in die chinesische Kultur aufgenommen würde. Die echte Adoption dagegen lässt auch zu, dass neue Inhalte eingelassen werden, die das sino-marxistische Menschen- und Gesellschaftsbild bereichern, ohne aber dessen Substanz zu gefährden bzw. in Frage zu stellen.

Willkommen in Xis Käfig sind also diese gesunden Vögel:

* sino-marxistisch erzogenes Volk,
* adoptierte alte chinesische Weisheiten, die patriotisch wirken und anschlussfähig sind an die große Vision sowie
* adoptierte nützliche Entwicklungsideen von außen, die anschlussfähig sind an die große Vision.

Vogelflug

Nur die freigesetzte Energie der willkommenen, gesunden Vögel hilft China auf dem neuen langen Marsch zum Ziel, also zur Erfüllung der großen Vision. Die Motivation der Menschen muss dafür optimiert werden. Hierzu fordert Xi (2022: S. 583) die bestmögliche Nutzung aller Kräfte. Charakter- und Tugendbildung, die Identifikation mit Führung und Sozialkultur und optimierte Leistungsanreize sind dabei die wirksamen Hebel zum bestmöglichen Flug.

Trotz, Stolz und große Vision

Hierfür setzt Xi auf die Charakter- und Tugendbildung. Das beweisen in den Reden und Texten Xi Jinpings immer wieder die von ihm angeführten zahllosen Unterziele, die numerisch gut zum Auswendiglernen sortierten Prinzipien und die immer wiederholten moralischen Appelle.

> Das von Xi mit höchster Autorität propagierte Ethos zu entfalten, gelinge in einem stimmigen Dreiklang:»a shared vision, a strong will and a powerful capacity.« (Xi 2022: S. 583)

Vision, Wille und Stärke sollen nicht nur die Partei beim Bau und der Behütung des Käfigs, sondern auch die Menschen und Ideen im Käfig einen, motivieren und im Dienst der Vision zur Entfaltung bringen. Es ist also zu kurz gedacht, Tugendbildung oder Opferbereitschaft lediglich als Instrumente der Parteiraison zu deuten. Die Partei soll sie vorbildlich vorleben. Und das Volk, welches sich ja von der Partei vertreten weiß, soll diesem Vorbild mit aller Kraft nacheifern, um so die bestmögliche Leistung als Beitrag der großen kollektiven Anstrengung zu erzielen. Denn nur durch die so verstandene Harmonie, die zugleich als Patriotismus, Loyalität und Basis zum Leistungsoptimum gilt, können die großen Ziele erreicht werden. Xi (2018: S. 408) fordert auf dieser Grundlage,»dass unsere ganze Gesellschaft ein Herz und eine Seele ist«. Eine solche Harmonie im sino-marxistischen Bewusstsein soll also ideologisch homogen Gemeinschaft stiften, Patriotismus wecken und damit alle möglichen Kräfte auf dem Weg zum großen Ziel freisetzen. Die Erfahrung der in der chinesischen Geschichte erlittenen Erniedrigungen ist dazu ein starker Antrieb, gerade auch im Gegenüber zu den einstigen Unterdrückern, wieder neu eine bzw. *die* dominierende Vormachtstellung in der Welt zu übernehmen.[51] Gemeinsamer Trotz gegen die Feinde ist also eine starke Motivation, die eine exklusive Harmonie unter den Kämpfern und enorme Kräfte freisetzt (Xi 2018: S. 72), ebenso aber auch der gemeinsame Stolz auf die hehren Glanztaten in der Geschichte Chinas und vor allem der KPCh. Solche Energie, die zum Kampf mit Gegnern anspornt, wird ergänzt durch Energie im Kampf für das Erreichen des gemeinsamen positiven Traums. Auch dieser Kampf zur Umsetzung großer Ziele eint das Volk in patriotischer Harmonie, so das Ideal. Diese drei Quellen (Trotz, Stolz und große Ziele) gemeinsam werden von Xi gezielt tugendethisch angesprochen. Der Dreiklang ist ein wirksames Instrument zur Optimierung der gesellschaftlichen Leistungspotentiale und damit der Kampfenergie des Volkes auf dem Weg zur realen Vision. Xi verwendet hierzu immer wieder historisierend heroische Narrative und lobpreisende Epen einer großen 5.000-jährigen Geschichte Chinas, von revolutionären Helden sowie von der großen Geschichte der Partei, der Heimat und des Vaterlandes (Xi 2018: S. 427; Xi 2020: S. 181, 259, 413, 537).[52] Die Partei muss sich als wachsame Hüterin der Narrative verstehen und zur Stärkung des patriotischen Geistes jede Relativierung solcher Epen verhindern.[53] Dieser facettenreiche Patriotismus als Kampf für die Vision und als Kampf gegen die Feinde in Vergangenheit und Zukunft ist die Energie zum guten Flug im Käfig. Neben den Tugenden von Gemeinschaftssinn und Fleiß (Xi 2018: S. 107) ist dabei immer auch die geforderte Opferbereitschaft

---

51   Feege (2022: S. 53) schreibt dazu: »Damit sind – nach einer langen Phase der gefühlten geschichtlichen Demütigung, die sich heute noch in einem gewissen Misstrauen gegenüber dem Westen ausdrückt – auch ein erstarktes Selbstbewusstsein und zunehmender Patriotismus einhergegangen.«

52   Vgl. Naß (2021: S. 81).

53   Vgl. Naß (2021: S. 84f.).

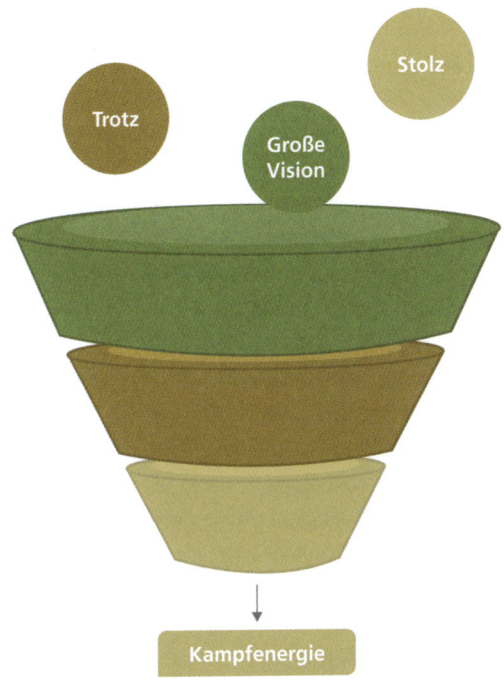

Dar. 9: Die großen Energiequellen des Volkes

eine erwünschte Folge: Verzicht auf Ruhm, Ertragen von Einsamkeit, Bereitschaft zu Heimatverlust durch Umsiedlung und die Bereitschaft zum Martyrium zählen etwa ausdrücklich dazu (Xi 2020: S. 316, 323, 416, 505ff., 637).

Konzentrische Kreise der Harmonie

Die so erwünschte Harmonie einer starken Leistungsgemeinschaft baut auf eine Identifikation unter starker Führung und Sozialkultur. Sie muss »konzentrische Kreise bilden«, wenn von Xi der Konsens in den wesentlichen gesellschaftlichen Fragen gefordert wird. Zu diesem Bild erklärt Xi (2018: S. 408): »Ich meine damit, dass Chinesen aller Volksgruppen und aller Gesellschaftsschichten dazu motiviert werden sollen, unter Führung der KP Chinas und mit vereinten Kräften für die Realisierung des Chinesischen Traumes vom nationalen Wiederaufleben zu arbeiten.« Es wird mit der Idee der konzentrischen Kreise bei aller Harmonisierung auch eine Abstufung in der Homogenität der Gesellschaft zugestanden. Sie bleibt dabei aber immer gebunden an den zentralen Konsens, sprich: die Realisierung der großen Vision, und lässt doch auch Räume für eine unterschiedlich tiefe Durchdringung, die durch kulturelle Prägung, intellektuelle Fähigkeiten o. a. bedingt sein könnte.

Die Mitte dieser Kreise sind der große Führer, die KPCh und die große Vision. Die Partei mit Xi an der Spitze hat im Zentrum der Macht die Aufgabe, den Dreiklang aus Trotz, Stolz und großer Vision miteinander glaubwürdig vorzuleben. Dabei sind möglicherweise auftretende Hindernisse proaktiv zu antizipieren und auch zu überwinden (Xi 2022: S. 50–52). Der intensiv vorgelebte Grundkonsens ist der zentrale Anker für die Identifikation und Motivation des Volkes. Aber nicht allein das. Das Zulassen der konzentrischen Kreise ermöglicht als ein Optionsraum auch eine ergänzende Identifikation mit der Sozialkultur, die so umso mehr als befreiend empfunden werden soll.

Identifikation mit Führer und Führungskultur

Eine solche auch soziologisch anspruchsvolle Motivationslogik lässt sich sehr gut im Vergleich mit gegenwärtigen Modellen der Führungsethik veranschaulichen. Verschiedene menschliche Motivationsquellen werden hier diskutiert, die in der Regel je unterschiedlichen Organisationskulturen zugeordnet werden. Der Vogelflug in Xis Käfig will möglichst alle Quellen ausschöpfen.

* Heroische Führer, das ist in der Führungstheorie bekannt, etwa begeistern durch ihr Vorbild. Sie reißen die Menschen mit, die ihnen vertrauen und sich über diese Persönlichkeiten mit der Orga-

nisation und ihren Visionen und Zielen identifizieren. Motivation zeigt sich in solchen Kulturen mit einer weitgehend homogenen Harmonie. Eine derartige Konsenskultur ist gegenwärtig in China zweifellos das Ziel mit Xi Jinping als dem heroischen Führer. Ihm soll das absolute Vertrauen des Volkes gelten und damit zugleich auch der von ihm geführten KPCh. Und so letztlich der von ihm angeführten Umsetzung der großen gemeinsamen Vision.

- In postheroischen Kulturen gelingt, das lehrt die Führungstheorie ebenso, die Motivation der Menschen dagegen vor allem über eine Begeisterung für die gelebte Kultur des Miteinanders: etwa für den wertschätzenden Umgang mit menschlichen Stärken und Schwächen, mit Fehlern und Erfolgen, mit Entscheidungen und Verantwortung. Auch heterogene Kräfte sind dann motivierbar, weil sie es wertschätzen, auf welche Weise hier die Entscheidungen getroffen werden und wie miteinander gelebt wird (etwa friedlich, fair, persönlich, im Wohlstand statt in Armut, einander helfend o.a.) (Xi 2018: S. 91, 201; Xi 2018: S. 59). Anker der motivierenden Identifikation mit der Organisation ist dann nicht die leuchtende Führungsperson, sondern die konkret gelebte Sozialkultur. Auch wenn China zweifellos heroisch geführt wird, wird auch diese Motivationsquelle zumindest sekundär angezapft. Die Menschen sollen nicht nur blind folgen, sondern aus tiefer innerer Überzeugung auch die gelebte sino-marxistische Führungs- und Sozialkultur intrinsisch teilen und als die Entfaltung ihrer persönlichen Freiheit empfinden. Dabei wird ihnen die Freiheit gelassen, im Grundkonsens geeint, unterschiedliche konzentrische Kreise zu bilden. Auch dieses Freiheitsempfinden motiviert und setzt Energien frei.

Individuelle und kollektive Leistungsanreize

Die Leistungsanreize werden, das überrascht nicht, zunächst kollektivistisch gesetzt: Jeder soll die große Vision des Volkes teilen und dafür opferbereit sein Bestes geben. Damit soll die menschliche Sozialnatur aus dem gelebten Gemeinschaftssinn möglichst alle Energien für den Flug gewinnen. Neben dieser Kollektividee soll aber auch das Individuelle des Menschen mit seinen eigenen Leistungspotentialen optimal entfaltet werden. Denn nur so werden alle Motivationsquellen angesprochen und genutzt, um die optimale Leistung herauszufordern. Zum einen durch einen anspornenden Wettbewerb darum, im Vergleich zu anderen möglichst vorbildlich die Parteilinie zu erfüllen und einen besonders großen Beitrag für das Kollektiv zu leisten: etwa durch innovative Ideen in der Wirtschaft oder besonders fleißige Denunziation. Zum anderen aber auch durch die Einführung von Marktelementen, mit denen auch eine individuelle Leistung belohnt wird.

So kann also festgehalten werden, dass unter heroischer Führung Xis auch eine befreiende Sozialkultur die Menschen begeistern und damit kollektive wie individuelle Leistungspotentiale optimal freisetzen soll. Alles das natürlich im Dienst an der Realisierung der großen Vision.

Zusammenschau

Die Befähigung und die Motivation dazu, die Energien so im Dienst an der großen Vision optimal zu entfalten, sind also folgende:

- Charakter- und Tugendbildung: 1.) Eine Haltung voller Trotz gegenüber erlittenen Demütigungen, 2.) Stolz auf große Vorbilder und Leistungen der Nation sowie 3.) die großen Ziele zur Umsetzung der Vision sollen alle möglichen Energien zum Flug bestmöglich freisetzen.
- Die Idee der konzentrischen Kreise erlaubt eine abgestufte Mitwirkung beim Erreichen der großen Ziele und ermöglicht auf der Basis einer wesentlichen Harmonie zum Grundkonsens auch heterogene Formen der Loyalität und Mitarbeit.

Dar. 10: Vögel im Käfig

- Das heroische Vorbild der Führungspersönlichkeit Xi eint das Volk, das sich ebenso begeistern soll für eine gute Sozialkultur, die in den konzentrischen Kreisen auch Freiheiten zulässt.
- Gemeinschaftlich-kollektive ebenso wie individuelle Leistungsanreize sollen die Menschen mit ihren Potentialen optimal ansprechen und motivieren.

Beispiele

Es können nun exemplarisch einige »Vögel« vorgestellt werden, die im sino-marxistischen Käfig fliegen dürfen und fliegen sollen. Zunächst kommen hierbei die Menschen in den Blick, dann die Ideen. Denn beide sollen ja im Käfig fliegen, um treu und tugendhaft ihren patriotischen Dienst zu erfüllen (▶ Dar. 10).

Volk

Das Ziel ist und bleibt für Xi die allumfassende Erziehung zur Charakterbildung sino-marxistischer Kollektivsubjekte, die den Käfig der Ordnung nicht als eine Bedrohung, sondern im Gegenteil ge-

rade als die Möglichkeitsbedingung ihrer persönlichen Freiheitsent-
faltung ansehen. Freiheit ist also nicht Ausdruck einer individuellen
Entfaltung oder der eigenverantwortlichen Wahl zwischen Optionen. Sie entfaltet sich in Xis Käfig nur sozialisiert durch die von der
Partei inhaltlich dominierten sozialen Kontexte. Die KPCh fordert
also als Umsetzung der sog. Massenlinie eine tiefe kommunistische
Durchdringung der gesamten Gesellschaft, damit so die marxistische
Theorie und die gelebte Praxis miteinander harmonieren. Die Erziehung muss hierzu möglichst nachhaltig und wirksam sein. Sie darf
deshalb nicht rein abstrakt ablaufen, und auch nicht durch abgeho-
bene Kader fern der Menschen und fern von deren Lebensumstän-
den. Vielmehr sollen die Lehrer, die ja die Seele formen müssen, den
Menschen nahe sein. Sie müssen ihnen vor Ort begegnen (Xi 2022:
S. 599). Von fernen, grünen Tischen ließe sich solche Überzeugungs-
arbeit nicht mit gleichem Erfolg leisten.[54]

Unterstützt werden soll die Wirkung solcher Erziehung durch eine
stringente gesellschaftliche Supervision (Xi 2022: S. 337). Deren Umsetzung sehen wir ja in China inzwischen quasi perfektioniert in dem
sog. Sozialkreditsystem, das über den Einsatz von Künstlicher Intelligenz (KI) gesteuert wird und eine umfassende Überwachung des
Sozialverhaltens und politischer Aufrichtigkeit durchführt. Überall
im Land finden sich Kameras und Aufnahmegeräte. So lässt sich das
Verhalten der Menschen kontrollieren und ideologisch bewerten.
Freunde der Parteilinie der KPCh stellen die Errungenschaften solcher Technik heraus. Sie habe etwa dazu geführt, dass Verkehrsde-
likte deutlich zurückgegangen seien. Dieses Ergebnis ist zweifellos
erwünscht. Jedoch geht es natürlich in dieser totalen Überwachung
um viel Größeres. Das wird geflissentlich verschwiegen. Es soll ja eine
für gut gehaltene Moral der Menschen mit Hilfe der KI identifiziert

---

54   Führungsethisch findet sich dazu wiederum eine Parallele im Modell des
     Leader to Leader Institute (2004). Auch dort wird sehr großer Wert darauf
     gelegt, dass eine nachhaltige Führung vor Ort geschehen muss.

und belohnt werden. Und was vermeintlich gut ist, das ist ja autoritär vorgegeben. Eine solche »Güte« zeige sich also vor allem in bedingungsloser Loyalität zum großen Führer, zur Parteilinie und zu den staatlichen Gesetzen (Xi 2018: S. 143, 158, 188). Sie wird honoriert, zunächst durch die sog. Sozialpunkte, und später dann durch verbesserte Karrierechancen oder andere Annehmlichkeiten. Wer sich also im Käfig der Totalüberwachung loyal verhält, aus Überzeugung die Partei und den Führer lobt und ihnen bedingungslos folgt, dem stehen die Türen nach oben offen.[55] Kritiker hingegen werden sanktioniert und womöglich von Studium o.a. ausgeschlossen.

Eine solche umfassende Moralüberwachung gilt insbesondere auch für die Akteure im Bereich der geduldeten Privatwirtschaft, wie Xi (2014, S. 320f.) ganz unmissverständlich klarstellt:

>> Es soll auch im Privatsektor die praxisorientierte Erziehungskampagne im Sinne von Idealen und Überzeugungen, wobei Gesetzestreue, Ehrlichkeit und Zuversicht im Vordergrund stehen, durchgeführt werden. Ziel ist es, dass alle Unternehmer ihre Liebe zum Vaterland, zum Volk und zur KP Chinas stets unter Beweis stellen, die kommunistischen Grundwerte aktiv praktizieren … und durch ihren Beitrag zur Verwirklichung des Chinesischen Traumes vom nationalen Wiederaufleben ein erfolgreiches Leben führen und Karriere machen.

---

55 Aristoteles fordert im Sine der Verteilungsgerechtigkeit, dass hohe Ämter mit großer Verantwortung von Menschen mit entsprechend ausgeprägter Tugend besetzt werden sollen. Die KPCh könnte sich möglicherweise auf diese tugendethische Gerechtigkeitsidee berufen wollen. Doch der entscheidende Unterschied zwischen Aristoteles und KP-Ideologie ist der folgende: Bei Aristoteles ist der Inhalt der Tugenden metaphysisch vorgegeben. Und er ist damit nicht ideologisch eingefärbt oder gar auf einen Personenkult bezogen. Unter der Ägide der KPCh dagegen wird dieser Inhalt nun aber von der Partei nach eigenem Gusto ideologisch und personenkultisch modelliert.

Kontrollierte Linientreue ist die Voraussetzung für die privatwirtschaftliche Aktivität.

Schauen wir nun – um in unserer Metapher zu bleiben – in einem nächsten Schritt auf einige der großen Ideen im Käfig und ihren Flug, zunächst auf diejenigen, die der chinesischen Tradition folgen, anschließend auf solche von außerhalb. Hierbei kann zugleich der jeweilige Status der Adoption bestimmt werden: echt oder endogenisiert.

Konfuzianismus

Xi Jinping versucht es, Gedanken von Marx, Engels und Mao immer wieder mit Gedanken von Konfuzius und anderen chinesischen Meistern harmonisch in Einklang zu bringen. Damit sollen die sino-marxistischen Positionen der Gegenwart sich in die lange Weisheitsgeschichte Chinas einreihen (Xi 2018: S. 143, 161, 426, 433 u. a.). Dies ist zweifellos der Versuch einer Inkulturation des Marxismus in Chinas lange Tradition. Die damit angestrebte Synthese aus Marxismus und traditioneller chinesischer Weisheit soll den patriotischen Geist stärken. In der Analyse dieser Adoption sei von mir vor allem der Konfuzianismus in den Blick genommen, wohl wissend, dass es in China auch zahlreiche andere sehr einflussreiche Weisheitsphilosophien gibt (Taoismus, Buddhismus u. a.).[56]

Es ist offensichtlich: Die Tür zu den alten vor-marxistischen Weisheiten wird von Xi geöffnet. Für eine Adoption solchen Denkens braucht es aber flankierend den immer wieder betonten Habitus gebotener Skepsis. Denn aus marxistischer Sicht sind solche Ideen zunächst etwas Fremdes. Sie müssen also stets kritisch geprüft werden.

---

56   Vgl. Sonnstedt (2020).

Alte chinesische Weisheiten dürfen demgemäß im Käfig des Sino-Marxismus folgendermaßen und bedingt nutzbar gemacht werden:

>> Man muss also bei der Erlernung, Erforschung und Verwendung der traditionellen Kultur darauf bestehen, das Alte in den Dienst des Neuen zu stellen, Neues durch kritische Übernahme aus dem Alten hervorzubringen und unter Anlehnung an die neue Praxis und Forderungen der Gegenwart Anpassungen vorzunehmen. Keinesfalls dürfen wir alles in Bausch und Bogen übernehmen. (Xi 2018: S. 383)

Anklänge an die alten Traditionen oder gar eine anteilige Übernahme solcher Ideen darf also nicht als dessen unbedingte Wertschätzung oder gar als deren Renaissance missverstanden werden. Sie ist immer relativiert durch die strengen Vorgaben des Käfigs. Der patriotische Sino-Marxismus adoptiert also mit dieser Absicht und Grundhaltung von skeptischer Offenheit alte chinesische Weisheiten und rechtfertigt damit die propagierte Einheit der Nation, das Ziel gesellschaftlicher Harmonie und die Kontinuität der großen Geschichte. Diese Adoption ist also für Xi und Partei sehr nützlich. Mit ihrer Hilfe sollen »die kulturellen Gene der chinesischen Nation unter den Jugendlichen Wurzeln schlagen.« (Xi 2018: S. 396) Die konfuzianische Tradition passt also offenbar mit einigen ihrer Botschaften zum heutigen Anspruch der Partei und zum patriotischen Selbstverständnis. Sie wird von der KPCh vor allem fokussiert auf eine Tugendlehre und eine Friedensidee. Eine solche Rezeption ist aus einer kommunistischen Sicht, welche andere Weltanschauungen ja zunächst geringschätzt, nicht selbstverständlich. In Zeiten der Kulturrevolution etwa wäre ein solcher Einfluss undenkbar gewesen. Aber für das Selbstverständnis des gegenwärtigen Sino-Marxismus hat der Verweis auf einen Konfuzianismus der Gegenwart einen nicht zu unterschätzenden Nutzen und deshalb prägenden Einfluss. Das betrifft das Menschen- wie auch das Gesellschaftsbild.

Um diese Adoption angemessen bewerten zu können, sind exemplarisch einige hier relevante Grundlinien konfuzianischer Ethik kurz zu skizzieren:

- Der Mensch als Person wird im Konfuzianismus nicht zuerst ausgehend von seiner Individualität verstanden. Das Selbstsein als Person in Kontinuität und mit Identität sei uns Menschen danach nicht wesenhaft gegeben. Vielmehr müssten die Menschen sich zuerst prozesshaft in ihren je unterschiedlichen Rollen verstehen, die ihnen von den sozialen Kontexten vorgegeben sind und in denen sie Erfahrungen machen. Eine von den sozialen Kontexten und damit von der Gemeinschaft unabhängige Identität wird also verneint. Der Mensch wird, der er ist, durch soziale Erfahrungen, die er macht, etwa in der Familie u. a. Es fehlt in dieser Variante konfuzianischer Anthropologie, die auch als pragmatisch-empiristischer Naturalismus verstanden werden will,[57] eine zielorientierte (teleologische) Normativität ebenso wie eine dem Menschen logisch vorausliegende normative Sinndimension, wie sie etwa für die kantische oder die christliche Ethik konstitutiv ist. Im Christentum versteht sich der Mensch als von Gott berufen. Bei Kant ist der Mensch als Individuum unbedingt auf die normativen Gesetze der Vernunft verpflichtet. Das Personsein ist ihm in diesen Lesarten dann wesenhaft zu Eigen. Solche Vorgaben fehlen im Konfuzianismus. Stattdessen müsse der Mensch danach jeweils verstanden werden als eine zunächst unbeschriebene Matrix, die durch Rollen und Erfahrung erst Kontur gewinnt, quasi als Narrativ in person-konstituierenden sozialen Narrativen.[58] Menschliche Erfüllung, ja Menschsein überhaupt, gelinge demnach nur in sozialer Bedingtheit, die nunmehr Ausgangspunkt dieser nicht-individualistischen Anthropologie und

---

57   Vgl. Ames (2018: S. 172).
58   Vgl. Rosemont (2018: S. 192f.) sowie Roetz (2009: S. 40).

Ethik ist. Personalität des Menschen muss dann stets intersubjektiv gedacht werden. Sie gilt als identisch mit einer gelebten Relationalität.

Eine dem Individuum wesenhaft innewohnende (unbedingte) Menschenwürde mit unbedingten individuellen Menschenrechten ist damit nicht unmittelbar begründbar.

Seine Würde müsse sich im konfuzianischen Sinne der Mensch in seinem Werden selbst erwerben durch edles, tugendhaftes Sozialverhalten in den gelebten sozialen Bindungen und Relationen. Diese Anthropologie darf nun aber nicht nur einseitig kollektivistisch verstanden werden. Denn Selbstachtung und Autonomiegedanke sind im Konfuzianismus nicht unbekannt. Etwa Mengzi betont quasi naturrechtlich die menschliche Facette eines moralischen Seins (»ens morale«).[59] Die Einzigartigkeit jedes Menschen (in seinem Werden, in seinen Relationen und Rollen) darf danach also nicht einfach durch ein Kollektiv in einer anonymen Masse eingeebnet werden. Für die Sozialmoral bedeutet dieser konfuzianische Zugang eine Abkehr von einer zielorientierten Tugendethik hin zu einer prozesshaften Rollenethik, welche auf der Erinnerung an eine moralisch gute Sozialität und gerade nicht auf abstrakten Prinzipien aufbaut.

• Für die Kultur des Zusammenlebens prägend ist hierbei die starke konfuzianische Betonung des Gemeinschaftssinns. Gesellschaftliche Harmonie und sozialer Frieden, ein Miteinander mit Herz und Seele, die Familie als Keimzelle des Sozialethos, Fleiß und Opferbereitschaft für die Gemeinschaft sind Wesenszüge dieser Ethik. Im gelebten chinesischen Sozialethos gilt heute vor allem das sog. Guanxi gemeinhin als Ausdruck dieser konfuzianisch geprägten Ethik. Es beschreibt den hohen Stellenwert von interper-

---

59   Vgl. Roetz (2009: S. 60).

sonalen Beziehungen und Bindungen, welche die Menschen in Netzwerken tief miteinander verbinden.[60] Guanxi gilt als ein auf besonderen Beziehungen und Netzwerken bauendes Sozialkapital mit der Verpflichtung, einander zu helfen. Zu seinen Dimensionen gehören Gefühle und Zuneigung (Ganqing) ebenso wie der Austausch von Gefälligkeiten und Begünstigungen sowie Pfadabhängigkeiten für den Abschluss künftiger Geschäfte. Das kann zugleich aber auch ein Tor zu ökonomisch unerwünschter Korruption öffnen: natürlich mit negativen Folgen für Fairness, Effizienz und Stabilität. Die anti-individualistischen Typologien des Guanxi haben wohl zunächst auch etwas Positives. Denn sie stehen für eine starke Verbundenheit der Menschen miteinander, so etwa vor allem mit der Familie, mit einer Heimatstadt, einer Schule oder einem Arbeitsplatz.

> Die gemeinsame soziale Identität stärkt dabei ein Miteinander, das aber auch einen exklusiven und bei Verstößen sogar strafenden Charakter haben kann:»Sich in einem Guanxi-Netzwerk nicht an die Spielregeln zu halten, führt zu einem Gesichtsverlust und verringert die Chance auf zukünftige Geschäfte.«[61]

Die Adoption konfuzianischer Ethik aus Sicht der KPCh erfüllt also den Zweck als Amalgam. Denn mit ihr werden von Xi Jinping und der KPCh vor-marxistische ideologische Elemente aufgenommen, die der Umsetzung der großen Vision dienlich sind. Das natürlich nur soweit und solange, wie sie im Rahmen des Käfigs angesiedelt sind. Eine solche Adoption hat gegenwärtig folgendes Gesicht:

- Die in konfuzianischen Gedanken anzutreffende apersonale Sicht auf den Menschen entspricht dem systemischen Ansatz von

---

60   Vgl. Li (2017: S. 90–93) sowie Yin/Quazi (2018).
61   Kern (2021: S. 19).

Niklas Luhmann, der auch von der KPCh als ein methodologischer Ausweis ihrer kybernetischen Wissenschaftlichkeit vertreten wird. Hier lässt sich eine ideologische Brücke schlagen.

- Menschenwürde kann aus Sicht von Xi (von der Gemeinschaft, Gesellschaft, Regierung u. a.) zu- oder abgesprochen werden und ist also etwas, das man verlieren kann. Konfuzianische Gedanken (jenseits von Mengzi und seiner Lehre) stärken diese der freiheitlichen Welt fremde Deutung der Menschenrechte.
- Die Edlen im Land sollen die politische Führung übernehmen (also gemeint ist damit die KPCh). Und ewige (nunmehr kommunistische) Prinzipien sind das Maß objektivistischer Ethik, die von allen eine strenge Loyalität beansprucht.
- Zu den erwünschten patriotischen Tugenden aus konfuzianischer Tradition zählen etwa Gemeinsinn, Nächstenliebe, Großmut, Harmonie, Vervollkommnung, Respekt vor Alten und Armen, Sorge um die Kinder, ebenso »Anstand, Rechtschaffenheit, Unbestechlichkeit und Schamgefühl.« (Xi 2014: S. 206) Xi (2018: S. 433; 2020: S. 158) stellt so auch ausdrücklich die Bedeutung der Familie für das gesellschaftliche Sozialethos heraus, Harmonie mit Herz und Seele zu leben (Xi 2018: S. 431). Familie ist dann aber nicht im Sinne der Subsidiarität der Ort, dem guten Glaubens die Erziehung der Kinder anvertraut wird. Vielmehr haben Familien im Käfig die patriotische Pflicht, selbst den Geist der Partei zu leben und ihn weitergeben.[62] Diese Werte und Tugen-

---

62 Dass Familien Werte weitergeben, die der jeweiligen gesellschaftlichen Ordnung entsprechen, das ist hierbei keineswegs schon als ein Vorwurf misszuverstehen. Auch in westlichen Demokratien erwarten wir schließlich, dass in den Familien ein Geist von Freiheit und Demokratie gelebt und weitergegeben wird. Diese erwünschte Weitergabe von Werten ist im freiheitlichen Westen nun aber nicht an eine parteipolitische Ideologie gebunden. Auch besteht hier zunächst im Sinne der Subsidiarität das Vertrauen, dass die Familien ihren Erziehungsauftrag erfüllen. Im sino-marxistischen Käfig dagegen herrscht zunächst Misstrauen, so dass die Güte der Erziehung kontrolliert werden muss. Familien sind dann selbst von der Partei zu erziehende

den gelten nunmehr als »die kommunistischen Grundwerte« und werden sino-marxistisch uminterpretiert als »Humanität, Volksorientierung, Vertrauenswürdigkeit, Gerechtigkeit, Eintracht und Zusammenarbeit sowie allgemeine Harmonie.« (Xi 2014: S. 21; vgl. Xi 2014: S. 201f.) Erklärtes Ziel des Zusammenlebens ist danach also die gesellschaftliche Harmonie zwischen Natur und Mensch in Achtung ihrer Verschiedenheit. Das klingt auf den ersten Blick erstrebenswert.

Ist diese Adoption nun endogenisiert oder echt? Oder anders: Bringt diese kritische Adoption alter Meister und Weisheiten inhaltlich etwas Neues für die Praxis hervor? Sie unterstützt zweifellos die Begründung für wesentliche sino-marxistische Ansprüche und Argumente. Sie stärkt zudem die patriotischen Gefühle und bindet Menschen mit ein, denen solche Weisheiten wertvoll und vertraut sind. Doch substantiell Neues für das Menschen- und Gesellschaftsbild bringen solche Gedanken, Sprüche und Ideen nicht in die marxistische Ideologie ein. Vielmehr dienen sie vor allem einer selektiven Weitung der Argumentationsbasis ihrer vertrauten Inhalte über Mensch und Gesellschaft. Es scheint sich also hierbei um eine endogenisierte Adoption zu handeln.

Marktwirtschaft

Man könnte meinen, auch liberale Elemente prägen inzwischen die Anthropologie von Xi und seiner unumschränkt herrschenden Partei. Schließlich hält sich das Land ja für eine (sozialistische) Marktwirtschaft.[63] Da liegt es doch wohl sehr nahe zu meinen, dass damit auch ein freiheitliches Menschenbild Einzug in den Käfig gehalten habe. Dem aber ist nicht so. Die konkrete Ausgestaltung der Wirt-

---

und zu kontrollierende Instrumente einer ideologisch vorgegebenen Erziehung.

63 Vgl. Nass (2023) ausführlich zu dieser Adoption.

schaft ist letztlich ein Dienstwert für die Erfüllung der großen Vision. Werden markt- und privatwirtschaftliche Elemente unter Xi in China zugelassen, so hat dies keinerlei liberalisierende Auswirkungen auf die grundlegende Wertebasis der staatlichen Ordnung und Parteilinie. Menschen- und Gesellschaftsbild, Weltanschauung und Tugenden speisen sich allein aus dem großen Traum sowie aus den vier großen und nicht antastbaren Staatsprinzipien. Marktwirtschaftliche Elemente werden also ausdrücklich losgelöst von einem liberalen Menschenbild als relative und disponible Instrumente im Dienst der patriotisch-sino-marxistischen Zwecke geduldet und eingesetzt. Solange sie hierzu dienlich sind, finden sie Zustimmung und Anwendung. Sind sie es nicht mehr, werden sie ausgebremst oder verworfen. Solche Restriktionen haben in den letzten Jahren unter Xi merklich zugenommen. Dazu gleich mehr.

Einen wesentlichen Beitrag für eine solche Adoption leistet die täuschend eingesetzte Umsetzung des viel beschworenen Prinzips »Ein Land – zwei Systeme«. Vor allem Hongkong und auch Macao haben marktwirtschaftliche Kräfte aus der Welt angezogen und helfen dem Rest Chinas dabei, die Vorteile des Marktes zu erkennen und sie sino-marxistisch nutzbar zu machen (Xi 2020: S. 503ff.). So die offizielle Version. Sie bleiben dabei aber ständig auf dem kritischen Prüfstand, ob sie den Zwecken (der als realisiertem Traum angestrebten Wohlstandsmehrung und der vollkommenen Blüte Chinas sowie der Einlösung des großen marxistischen Traums) pragmatisch dienlich sind. Weiterhin müssen sie fortlaufend und sehr kritisch beäugt werden. Denn sie sind ja ihrem Wesen nach einer anderen (der liberalen) Wirtschaftsphilosophie des Westens (ohne deren weltanschauliche Wurzeln) entnommen und in den chinesischen Käfig implementiert worden. Diese Herkunft macht sie zunächst ziemlich verdächtig. Keinesfalls kann von der KPCh also geduldet werden, dass diese Instrumente die Stäbe des Käfigs zu verbiegen oder ihn gar zu sprengen drohen. Ergo muss auch immer sehr Acht gegeben werden, dass die markt- und privatwirtschaftlichen Elemente nicht die eigentlichen Zwecke weltanschaulich-ideologisch gefährden.

Positiv bewertet Xi an marktwirtschaftlichem Denken etwa die Effizienzwirkung durch verbesserte Ressourcenallokation, die Aktivierung auch individueller Leistungspotentiale und das Aussortieren ineffizienter privater Verlustbetriebe am Markt. Privates Unternehmertum und Mittelstand sollen deshalb mit ihren guten ökonomischen Potentialen gestärkt werden (Xi 2018: S. 280f., 318). Verschiedene Organisations- und Eigentumsformen werden zu diesem Zweck in China geduldet: neben dem Kollektiv- auch Privateigentum, neben den Staatsbetrieben auch Privatunternehmen. Die nützlichen Effekte der Marktelemente sollen also optimal adoptiert werden. Die KPCh behält mit staatlichem Dirigismus aber unangefochten das Zepter fest in der Hand (Xi 2018: S. 281, 294; Xi 2020: S. 223), sei es durch eine staatlich gelenkte Geldpolitik, die großen Staatsbetriebe, das Sozialkreditsystem, die strenge ideologische Überwachung privatwirtschaftlicher Unternehmen oder durch den Anspruch einer globalen Marktlenkung mit vermeintlich keynesianischer Angebotsorientierung (Xi 2018: S. 310ff., 344).

Das Willkommen für den Markt hat sich bei Xi inzwischen zusehends eingetrübt. Während er im Jahr 2014 noch forderte, »günstige Bedingungen für einen vollen Wettbewerb« zu schaffen (Xi 2018: S. 280), werden inzwischen private Unternehmen von Parteikadern engmaschig kontrolliert und ein breiter Rückzug auf den Binnenmarkt propagiert (Xi 2022: S. 131, 180). Außerdem fordert Xi (2022: S. 170), dass erfolgreiche Individuen und Unternehmen mehr als bisher an die Gesellschaft zurückgeben müssten. Offenbar besteht hier aus sino-marxistischer Sorge noch ein umfassender Prüfungsbedarf, wieviel Markt nun tatsächlich erwünscht sein darf. Xi stellt hierfür exemplarisch die Frage, welche Rolle Markt und Kapital in der »sozialistischen Marktwirtschaft« Chinas haben sollen. »Karl Marx und Frederick [sic!] Engels hatten nicht die Möglichkeit einer Marktwirtschaft im Sozialismus im Auge.« (Xi 2022: S. 243) Ist diese Wirtschaftsordnung mit verschiedenen Kapitalformen nun ein Widerspruch zum ideologischen marxistischen Fundament? Die Antwort darauf darf für Xi nicht einfach dogmatisch, aber auch nicht einfach nur pragmatisch sein. Die vertretbare Antwort muss sich vielmehr wieder daran orientieren, ob Markt und Kapital dem Machtanspruch der KPCh, dem sino-marxistischen Geist und der Erfüllung der großen Vision nützlich sind.

Die Einführung der »sozialistischen Marktwirtschaft«, die in der Verfassung kodifiziert ist, ist für Xi fraglos eine große Errungenschaft. Denn dadurch können im Käfig bisher ungeahnte, aber sehr erwünschte Leistungs- und Effizienzpotentiale freigesetzt werden: Effizienz und Ressourcenallokation lassen sich etwa im Kampf für Wohlstand nutzen, ohne dass damit möglicherweise gefährliche, und zwar westlich-liberale Ideen mit importiert werden. Immer problematischer sieht Xi aber inzwischen die Rolle des Kapitals. Dessen Unbedenklichkeit ist für ihn lange nicht erwiesen, eher im Gegenteil: »Wir müssen herausfinden, wie wir den positiven Beitrag des Kapitals in der sozialistischen Marktwirtschaft steigern und gleichzeitig seine negativen Auswirkungen unter Kontrolle halten können.« (Xi 2022: S. 243) Eine solche Skepsis muss für Xi als Tugend der Wachsamkeit der Partei beim Auf-, Um- und Ausbau des Käfigs stets hochgehalten werden:

>> Wir sollten die theoretische Forschung über Kapital im neuen Zeitalter stärken. Wie man sein gesundes Wachstum durch Regulierung und Führung sicherstellen kann, ist zu einem Schlüsselthema von theoretischer und praktischer Bedeutung in der marxistischen politischen Ökonomie geworden. (Xi 2022: S. 253)

Wird nun also von Xi mit den eingeführten Marktelementen eine solche fundamentale Gefahr gesehen? Oder finden sich möglicherweise effektivere als die Markt-Instrumente für die Realisierung der chinesischen Vision? Dann ist die Marktwirtschaft als Steinbruch nützlicher Instrumente wohl schnell wieder passé. Und nur das Nützliche des Marktwirtschaftlichen bleibt im Käfig erhalten, möglicherweise bis zur Unkenntlichkeit verstümmelt. Dann kann wohl bald ein anderer Vogel diesen Platz im Käfig einnehmen. Dementsprechend sind liberale Grundlagen marktwirtschaftlichen Denkens konsequent nicht essentiell für das von der KPCh vertretene Menschenbild, wohl aber davon sezierte nützliche Desiderate, die zur Staatsdoktrin und ihrer Anthropologie passen und gerne hinzugefügt werden. Würde Marktwirtschaftliches bloß als austauschbares Instrumentarium verstanden, bliebe das kommunistische Menschenbild davon unangetastet. Das mag wohl der Wunsch der nun herrschenden Parteiführung sein, um das kommunistische Erbe möglichst unangetastet zu lassen. Aber diese Sicht machte eine zugleich angestrebte habituelle Verinnerlichung der entsprechenden Motive und Potentiale unmöglich. Und Xi fordert ja gerade ausdrücklich einen solchen neuen Menschen. Den gibt es aber nur, wenn auch neue (bisher noch ungenutzte) menschliche Motive marktwirtschaftlichen Denkens in die Moral dieses neuen Menschen übernommen werden. Diese Beobachtungen sprechen also für die These, nach der der neue Mensch tatsächlich auch solche (ursprünglich marktwirtschaftlichen) Motive habituell verinnerlichen und sie in seine kommunistische Identität aufnehmen kann und soll. Innovatives Handeln, Risiko- und Leistungsbereitschaft sollen dann also nicht bloß aus einer realitätsfernen Gemeinsinn-Utopie abgeleitet werden. Das so dann erfolgreich Sezierte wird damit von seinem Begründungskontext entkoppelt und nunmehr als Teil sino-marxistischer Ideologie verstanden. Dies kann durchaus als eine ideologische Weiterentwicklung angesehen werden, die in einem streng dogmatischen Marxismus völlig undenkbar wäre. Hierbei handelt es sich damit also um eine echte und nicht bloß um eine endogenisierte Adoption.

Menschenrechte

Seit 2004 genießen die Menschenrechte in China Verfassungsrang. Formal erkennt China unter Xi die UN-Charta der Menschenrechte an (Xi 2018: S. 671), interpretiert sie aber sino-marxistisch. Und hier offenbart sich ein völlig diametrales Verständnis gegenüber freiheitlichen Interpretationen. Denn die Menschenrechte werden von Xi nicht als Individualrechte verstanden, sondern als Rechte im Dienst am Kollektiv. Diese Auffassung wird immer wieder bekräftigt durch manche, adoptierte Bruchstücke konfuzianischer Gedanken zum Menschenbild. Auch werden die Menschenrechte von Xi an die Bedingung geknüpft, dass zuallererst in der Gesellschaft eine Entwicklung zu gemeinsamem Wohlstand hergestellt werden muss (Xi 2018: S. 261; Xi 2020: S. 367; Xi 2022: S. 63), bevor von den uns bekannten Rechten und deren Einlösung überhaupt gesprochen werden kann. Die Menschenrechte, die wir etwa aus der Charta der UN oder aus dem deutschen Grundgesetz kennen, sind damit umgedeutet. Denn auf einmal sind sie bedingt und damit relativ. Noch dazu kommt eine uns fremdartige Priorisierung: Wohlstand und Entwicklung sind nach Auffassung der chinesischen Führung die primären Menschenrechte, die selbstverständlich nicht allein ökonomisch materiell, sondern auch ideologisch im Sinne der edlen Charakterbildung zu verstehen sind. Das zunächst individuell erscheinende Menschenrecht auf Subsistenz wird dabei dann gekoppelt an das Recht auf gesellschaftliche Entwicklung, welche diese erst ermöglicht. Und diese Entwicklung wird wiederum untrennbar verbunden mit dem staatlichen Recht auf Souveränität und Nicht-Einmischung von außen.[64] Mit dieser logischen Kette wird also die Individualität der wichtigsten Menschenrechte ausgehebelt. Die Inhalte solchen Rechts werden in China von der Partei bestimmt und gelenkt. Die

---

64   Vgl. Roetz (2009: S. 38f.), Theveßen (2022: S. 35, 73).

Substanz der Menschenrechte ist damit letztlich wieder an die Autorität der KPCh und den großen Führer Xi Jinping verwiesen.

> Wenn die chinesische Führung also von Menschenrechten spricht, setzt sie einen eigenwilligen Katalog voraus, versteht sie als nicht-individuell und relativ bzw. macht sie zum bedingten Instrument der eigenen Ideologie.

Damit werden die Menschenrechte, wie sie im Sinne der UN-Charta gemeint sind, letztlich missachtet. Sie sind relativiert und an die Bedingung geknüpft, den großen chinesischen Traum zu erfüllen, der nur unter Führung der Partei möglich erscheint. Diese Interpretation übernimmt das bloße Wort der Menschenrechte ohne ihre essentiellen Inhalte, so dass hier eindeutig von einer lediglich endogenisierten Adoption gesprochen werden kann.

Dar. 11:   Der nationale Volkskongress, das im Grunde genommen größte Parlament der Welt, das allerdings nur mit Vertretern der KPCh besetzt ist, tagt jährlich (hier 2015) in der großen Halle des Volkes in Peking und dabei segnen die Abgeordneten die Pläne und Ziele der chinesischen Führung ab.

Demokratie

Xi (2018: S. 639; 661) erklärt sehr offen, dass China im Gegensatz zur freiheitlichen Welt eigene Vorstellungen von Demokratie und Rechtsstaatlichkeit habe, die den alternativen westlichen Auslegungen überlegen seien. Demokratie wird im Ein-Parteien-Staat China so verstanden, dass die KPCh den Volkswillen repräsentiert. Volksdemokratie sei damit die eigentliche und beste Demokratie im Gegensatz zu den westlichen Modellen, in denen – so Xi – die politischen Parteien ihre je eigenen Agenden unabhängig vom Willen des Volkes durchsetzen. In China sei das anders: Damit die KPCh den Volkswillen angemessen repräsentieren kann, braucht es zunächst die Erziehung des Volkes. Mit einem entsprechenden sino-marxistischen Charakter und Bewusstsein ausgestattet, ist das Kollektiv des Volkes dann ein edler Kompass für die Partei, um nun gemeinsam patriotisch und kommunistisch die großen Ziele zu erreichen. Die »roten Gene«[65] von Partei und Menschen sind damit durch Erziehung harmonisiert. Nun muss aber die Partei – unter der Aufsicht des großen Führers – immer weiter und hart an sich arbeiten, um diesen Geist nicht nur im Volk zu implementieren, sondern ihn auch in den eigenen Reihen glaubwürdig vorzuleben. Für die Tugend der Partei beim Bau des Vogelkäfigs hat Xi ja sehr deutliche Vorgaben formuliert. Die Partei darf nur dabei nicht den Fehler begehen, sich vom Volk zu entfernen und eine eigene, davon unterschiedene Agenda umsetzen. Hierfür fordert Xi, das wurde bereits deutlich, zunächst einmal die Nähe der Partei zum Volk. Die Parteikader sollen nicht in fernen Büros sitzen, sondern zu den Menschen gehen und ihre Anliegen hören. Dies soll diskursiv geschehen in Konsultationen, möglichst vor Ort.

---

65   Vgl. Naß (2021: S. 71).

> Volks- als Konsultativdemokratie bedeutet dann, dass die politischen Angelegenheiten von allen Betroffenen miteinander fair diskutiert werden sollen. Prädiskursiv vorausgesetzt ist für eine Teilnahme an solcher Konsultation eine patriotische – sprich sino-marxistische – Gesinnung.

Argumente, die die Loyalität zu Führer, Partei und Vision in Frage stellen könnten, werden also von Vornherein ausgeschlossen. Die dann noch übrigbleibenden, und somit für gerechtfertigt gehaltenen Interessen sollen anschließend mit guten Argumenten zur Sprache kommen. Ziel ist dabei am Ende ein harmonischer Konsens (Xi 2018: S. 357–366). Die von Xi ausgerufene Volks- als Konsultativdemokratie fügt so auch wesentliche Züge der Diskursethik von Jürgen Habermas mit denen der Diktatur des Volkes zusammen. In der Diskursethik geht es ja auch darum, über den fairen Austausch mit guten Vernunftargumenten zum Konsens zu gelangen. Und auch dort werden von Vorneherein unerwünschte Positionen (bei Habermas sind das etwa Gewalt, Hass, Terror u.a.) vom anschließenden Diskurs ausgeschlossen. Was bei Habermas radikal demokratisch gedacht war, wird nun aber volksdemokratisch durch die veränderten Prämissen der Konsultation autoritär umgebogen. Es werden mit der Konsultationsidee so aber auch einflussreiche linke Ideen des Westens in den marxistischen Demokratiebegriff integriert. Die Grundidee der Volksdemokratie bleibt hierbei erhalten. Sie wird aber mit den neuen, umgedeuteten diskursethischen Gedanken angereichert und damit erweitert. So kann hier von einer echten Adoption gesprochen werden. [66]

---

[66]   Ob Xi die Werke von Jürgen Habermas wohl gelesen hat und sich davon inspirieren ließ? Wenn ja, so hätte eine solche Adoption wohl das Ziel des Diskurses verfehlt. Denn Habermas geht es ja um einen möglichst freien Austausch der Argumente bis zum Konsens und damit um eine radikale Emanzipation der Vernunft. Der Käfig verhindert solche Orientierung.

Rechtsstaatlichkeit

» Rechtsstaatlichkeit ist ein neuer politischer Ansatz unserer Partei zur Führung des Volkes durch die Partei zum Regieren des Landes. (Xi 2018: S. 132)

Mit diesem zunächst überraschenden Bekenntnis verkündet Xi nun aber keineswegs die Adoption einer Gewaltenteilung im Sinne freiheitlicher Demokratien. Das würde ja geradezu der Grundidee der sozialistischen Diktatur des Volkes widersprechen und wird deshalb selbstverständlich abgelehnt. Letztlich muss im marxistischen China unter Xi ja auch die Justiz patriotisch sein und somit unter Führung der Partei der Erfüllung des großen Traums dienen. Sie ist also abhängig und nicht frei. Doch es ist nun nicht einfach nur so, dass die Legitimität der Rechtsprechung einfach durch ein Parteidiktat hergestellt wird. Das wäre wiederum zu dogmatisch gedacht. Für Xi ist die Legitimation patriotischer Justiz eine andere: »Das Recht ist letztlich nichts anderes als niedergeschriebene Moral, und die Moral wiederum verinnerlichtes Recht.« (Xi 2018: S. 157) Recht und Rechtsprechung werden also über die Sozialmoral des Volkes legitimiert. Und so bilden sie dann wiederum als objektivierbare Grenzen mit Sanktionsgewalt einen Käfig für die Entwicklung einer nunmehr patriotisch-edlen Moral. »Das Recht ist die Bottom-Linie der Moral und leistet auch Gewähr für sie.« (Xi 2018: S. 159) Rechtsstaatlichkeit ist dann so zu verstehen: Die Partei prägt die sozialistische Sozialmoral und strebt die Erziehung der neuen sozialistischen Menschen an.

Die Moral des Volkes wird dann unter Aufsicht der Partei in Recht gegossen. Das Recht ist somit durch das sozialistisch gesinnte Volk legitimiert. So kann das Recht den Anspruch erheben, den Volkswillen zu repräsentieren. Ist das Recht einmal in Kraft, dient es dazu, diesen Volkswillen weiter auf einer guten Bahn hin zur Umsetzung der großen Ziele zu lenken. Durch solche juristische Kontrolle soll dann eine harmonische Kultur des Vertrauens als Sozialmoral gestärkt werden (Xi 2018: S. 143).

Dieses Rechtsverständnis scheint auf den ersten Blick eine Institutionenethik zu sein, da das gute Recht eine gute Moral hervorbringen soll (Xi 2020: S. 146; Xi 2022: S. 290). Doch logisch liegt der Institution des Rechts die Charakterbildung des Volkes voraus, so dass die Institutionen- auf einer Tugendethik aufbaut. Letztlich hält die Partei dabei die Fäden in der Hand. Oberflächlich betrachtet scheint die Volksmoral die Legislative zu sein, so dass die Volksdemokratie nun auch eine Volksjustiz zur Seite hat. Der Begriff der Rechtsstaatlichkeit wird hier nurmehr als ein neu klingender Ansatz vorgestellt. Er ist aber letztlich eine endogenisierte Adoption eines freiheitlichen Begriffs für den sozialistischen Käfig.

Ökologie

Ökologische Fragen boomen. Sie werden inzwischen auch von Xi Jinping immer häufiger aufgegriffen. Xi nimmt offenbar das Bedürfnis des Volkes nach sauberer Luft und Umwelt als ein drängendes Bedürfnis wahr. Die Beschäftigung damit ist für ihn nun aber nicht etwa die Übernahme der westlichen Klimadiskussionen. Vielmehr versteht er die Umweltfrage als ein ur-marxistisches Anliegen. Kein geringerer als Friedrich Engels habe die Frage nach dem menschlichen Umgang mit der Natur grundgelegt (Xi 2018: S. 239, 252; Xi 2022: S. 413). Xi (2018: S. 241) fordert auf dieser Grundlage programmatisch eine Einheit von Natur und Mensch. Er macht dabei zugleich den westlichen Nationen den großen Vorwurf, diese aus dem Gleichgewicht gebracht zu haben. Dabei ist aber, das wird verschwiegen, China mit Abstand der größte Umweltsünder auf dem Globus. So hatte China im Jahr 2019 9.826 Millionen Tonnen Kohlendioxid in die Luft geblasen. Im Vergleich dazu: Die USA kamen an zweiter Stelle auf 4.965 Millionen Tonnen, Deutschland auf 684 Millionen Tonnen.[67]

Mit der Sorge um die »Mother Nature« wird von Xi (2022: S. 496) sogar eine populäre indigene Redewendung aus Südamerika in die sino-marxistische Ideologie übernommen. Die ökologischen Ziele werden von ihm sehr ehrgeizig und somit auch interkulturell formuliert. Sie haben aber für die Politik der KPCh keine oberste Priorität. Das haben nur solche, die mit den großen Jubiläen (2021, 2049) zusammenfallen und so als Meilensteine auf dem Weg zur Erfüllung der großen Vision angesehen, erkämpft und gefeiert werden sollen. Die ökologischen Fragen sind dabei nicht auf der Agenda.

Die Motive zur Beschäftigung mit den ökologischen Fragen sind wohl eher pragmatischer Natur. So soll etwa die Dekarbonisierung Chinas unabhängig von der Erfüllung der großen Vision bis zum Jahr 2060 erreicht werden (Xi 2022: S. 432). Bis dahin soll China klimaneutral sein. Das ist für Xi somit wohl auch ein großes gesellschaftliches Ziel, sicher auch mit Rücksicht auf die Lebensqualität in China. Immer schlechtere Luft kann schließlich eine Saat der Unzufriedenheit des Volkes mit der Partei und dem jeweiligen Führer werden. Dies würde deren Macht gefährden. Und das gilt es aus strategischen Gründen zu vermeiden. Oder schauen wir auf die Entwicklung vermeintlich klimafreundlicher Technologie: Die weltweite Produktion von E-Autos soll, so Xis ehrgeizige Vorgabe, von China angeführt werden. Dieses Ziel kann aber wohl getrost als wirtschaftlich motiviert angesehen werden. Schließlich könnten damit die bisher führenden Automobilhersteller (vor allem in Europa und allen voran in Deutschland) abgehängt werden. Im Gegensatz zu der großen Vision bleibt das Anliegen des Umweltschutzes also wohl von nachrangiger Bedeutung. Die ökologische Frage scheint somit noch

---

67   Vgl. Naß (2021: S. 284).

nicht den Status einer Adoption erlangt zu haben, doch steht eine solche Aufwertung dieser und auch anderer Fragen durchaus auf der Agenda der Zukunft.

Zusammenschau

Es lassen sich nun also die exemplarisch diskutierten Beispiele des Vogelflugs den verschiedenen Arten der Adoption zuordnen.

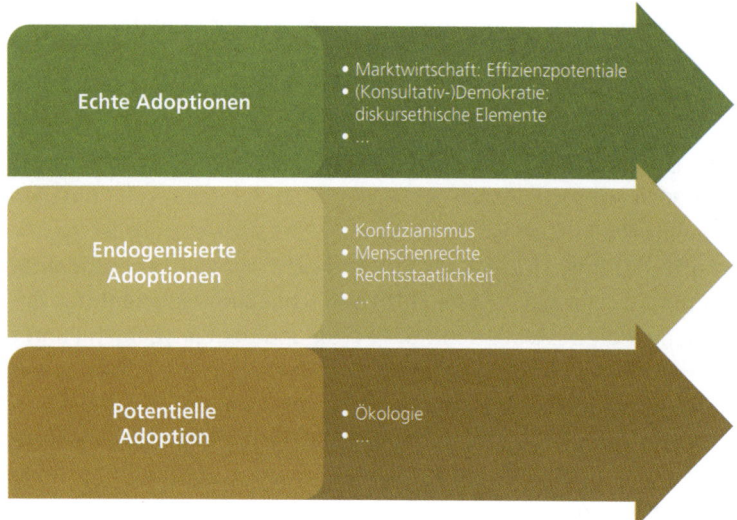

Dar. 12:   Die Adoption von Ideen für den Käfig

9
Ergebnisse

Es können nun zum Regierungsethos von Xi Jinping am Ende dieses Teils II die wichtigsten Analyse-Ergebnisse kurz festgehalten werden.

Die umfassende ideologische Autorität sieht Xi Jinping bei sich: Er bestimmt als unumschränkter Diktator die große Vision vom zweifachen Traum . Er gibt die Meilensteine (Autarkie, Hegemonie, Mission) zu deren Umsetzung vor und überwacht sie. Die Partei muss diese Vorgaben auf der Grundlage eines dynamischen Sino-Marxismus vorleben und wirksam im Volk operationalisieren: also in der Tradition von Dialektik, Kybernetik und den großen vier chinesischen Prinzipen einerseits. Mit Offenheit für Fremdes, das daran anschlussfähig und der Realisierung der Vision dienlich ist, andererseits. Charakterbildung zu edlen, patriotischen Menschen in der Partei und im Volk haben dabei Vorrang. Alle Motivationspotentiale sollen dafür optimal im Dienst der großen Vision ausgeschöpft werden, vor allem die endogen wirksame Identifikation mit Führer und Sozialkultur, mit Tugenden von Trotz bis Stolz und daneben auch extrinsische Leistungsanreize. Diese neuen Menschen vertrauen dem Diktator und der Partei. Sie empfinden die totale Überwachung nicht als eine Einschränkung ihrer Freiheit, sondern als Voraussetzung, die patriotischen Ziele zu erreichen.[68] Diese Erfüllung der eigenen Aufgabe im Dienst am Großen soll als Freiheit verstanden werden. Die

---

68   Die hohe Akzeptanz etwa für das sog. Sozialkreditsystem in China kann als Ergebnis einer schon fortgeschrittenen Umerziehung der Menschen gedeutet werden. Andere wie etwa Naß (2021: S. 113) meinen hingegen, dies könnte ein Ausdruck von Sorglosigkeit sein, es werde am Ende schon alles irgendwie gut werden.

neuen Menschen entwickeln dann zugleich auch ein Gespür dafür, ob Neues für die gemeinsamen Meilensteine zur Umsetzung der großen Vision passt oder besser gemieden werden sollte. Denn für die verantwortbare Adoption bedarf es auf allen Ebenen gründlicher Prüfungen. Hierbei ist die strategische Übernahme von fremden Begrifflichkeiten (endogenisierte Adoption) zwar sauber zu prüfen, aber weniger kritisch zu sehen als etwa die Einführung auch substantiell neuer Inhalte in das sino-marxistische Weltbild (echte Adoption). Für beide Adoptionsformen lassen sich schon jetzt hoch relevante Beispiele in der Werte-DNS identifizieren. Und weitere Adoptionen bahnen sich bereits an.

Teil III
Die Vision in der Kritik

Nach der im Teil II vorgenommenen Analyse des Regierungsethos von Xi Jinping auf Grundlage der umfangreichen Originalquellen und mithilfe der dazu verwendeten Lupe kann sich nun eine mehrstufige kritische Auseinandersetzung damit anschließen. Wir behalten dazu in diesem Teil III zunächst noch einmal unsere Lupe in der Hand. Systematisch ist nun folgendes zu beachten: Unterschieden werden die Werte (als die grundlegenden gesellschaftlichen Ziele) von den Prinzipien (als den dazu notwendigen Instrumenten). In einem ersten Schritt wird hier nun also die für eine sozialethische Betrachtung maßgebliche Wertebasis dieser normativen DNS kompakt zusammengestellt, anschließend einige markante Prinzipen. Und dann erfolgt eine Überprüfung zur praktischen Anwendbarkeit solcher Werte und Prinzipien. Die Frage ist dabei: Ist dieses Regierungsethos also kohärent? Und welche Implikationen ergeben sich daraus wohl für Mensch und Gesellschaft?

10
Wertebasis

Mit der Wertebasis kommt nun als erstes im Regierungsethos von Xi Jinping das damit transportierte Menschen- und Gesellschaftsbild und damit die sozialethische Grunddisposition als deren Werte-DNS in den Fokus. Zu einer sozialethischen Wertebasis zählen Menschenbild, Verantwortungsideal und Gesellschaftsbild, die nunmehr inhaltlich und in ihrer Begründung vorgestellt werden können.

Mensch und Würde

Die sino-marxistische Ideologie von Xi Jinping wünscht sich im Käfig edle patriotische Menschen, die aber nicht einfach dogmatische Marxisten sind. Vielmehr sollen sie als gesunde und fliegende Vögel im Käfig auch innovativ sein und alles akzeptabel Neue verinnerlichen, das der Verwirklichung der großen Vision nützlich ist. Der patriotische Geist setzt hierbei auf die Überlegenheit dieses chinesischen Menschen, der durch Erziehung zur edlen Person gebildet wird. Die Erziehungsziele kombinieren dazu sino-marxistische und neu-konfuzianische Anthropologie und übernehmen auch einige nutzbringende Elemente von außen, so etwa marktwirtschaftliches Denken.

Ein ausgeprägter Anti-Liberalismus findet seinen Ausdruck in der nunmehr auch konfuzianisch begründeten Ablehnung einer individualistisch ansetzenden Sozialethik mit ihrem Verständnis von unantastbarer Würde, individuellen Menschenrechten und Personalität. Würde hat der Mensch nicht aus sich. Er muss sie sich durch die Erfüllung seiner gesellschaftlichen Rollen verdienen. Vorstellungen von Essentialismus sowie ein westlich geprägter Universalismus werden abgelehnt, ebenso die Vorstellungen von einer personalen Kontinuität wie Identität. Das gilt auch für eine Verantwortung vor einem dem Menschen jenseits des Käfigs vorgegebenen moralischen Ziel (sei es transzendent oder transzendental gedacht). Jenseitige oder deontologische Begründungen von Würde, Zielen und Moral sind dem sino-marxistischen wie dem konfuzianischen Denken fremd.[69]

Die Schärfe, mit der Xi diejenigen Menschen als Parasiten oder als Abschaum abqualifiziert, die sich nicht hinreichend umziehen lassen, wirkt aus einer freiheitlichen Sicht menschenverachtend und deshalb ethisch befremdlich. Diese Schärfe ist nun sicher eine Frucht der marxistischen Kampfideologie, welche die Menschen bekanntlich in Subjekte und zu bekämpfende Objekte einteilt.[70] Aber auch diejenigen konfuzianischen Gedanken sind Xi hier wohl zur Stützung solcher Schärfe willkommen, die den Menschenwert über erfüllte Rollen und den geleisteten Beitrag für das Gemeinwesen definieren. In der Lesart von Xi bedeutet dies dann logisch: Beugt sich der Mensch nicht der erwarteten Umziehung durch die Partei, so kommt er seiner ihm (durch die Partei) zugedachten Rolle nicht nach und verliert seinen Status als Mensch und damit auch seine Würde. Dann kann er auf eine Stufe mit Tieren gesetzt werden.[71] Und von da aus ist der Schritt zu Parasiten und Abschaum ja nicht mehr groß.

---

69   Vgl. Roetz (2009: S. 47).
70   Vgl. Huar (1978: S. 146).
71   Vgl. Roetz (2009: S. 40).

Verantwortung

Menschliche Würde kann und muss also in einer solchen Lesart durch die dominante KPCh zu- und abgesprochen werden. Der Mensch kann sich nur als gut (oder als schlecht) verstehen in seinen konkret gelebten sozialen Kontexten. Werden diese von der Partei dominiert, so hat die KPCh auch die Macht darüber, persönlich menschliches Gut- oder Schlechtsein zu normieren. Die Partei ist damit unter Xi die unangefochtene Moralinstanz. Individueller Egoismus wird unterdrückt. Der Mensch ist zuerst und vor allem verantwortlich dafür, seine Rolle zur Verwirklichung der großen Vision zu erfüllen. Und damit muss er sich nicht vor einem Gott, einer Vernunft oder einem Prinzip, sondern vor der Partei verantworten, die diese Rollen definiert und bewertet. Ein Eigeninteresse der Menschen darf sich aber immerhin in einem Altruismus gegenüber den gesellschaftlich von der Partei normierten und normierenden Kontexten zeigen, etwa in der leistungsmotivierenden Wettbewerbslogik. Andere Motive von Eigeninteresse und Pflicht (etwa gegenüber einem Gott), die dem zuwiderlaufen könnten, müssen dann als feindlich und unpatriotisch verstanden werden, und zwar nicht nur von der Partei als Infragestellung ihrer Macht, sondern letztlich von allen aufrichtigen Bürgern. Solche Motive müssen also denunziert und ausgemerzt werden.

Die Menschen sind gegenüber der Partei dafür verantwortlich, ihren Beitrag zur Erfüllung der großen Vision zu leisten. Um dafür die Motivation der Menschen zu Innovation und Leistungsbereitschaft zu erhöhen, soll das kommunistische Bewusstsein um eine aus marktwirtschaftlichem Denken entlehnte Anreizsensibilität des Wettbewerbs erweitert werden. Marktwirtschaftlich im individualistischen Denken (bis hin zur ebenso kontrafaktischen wie heuristischen

Hypothese eines Homo oeconomicus)[72] begründete Motivationsanreize werden dazu von ihren ideologischen oder gar anthropologischen Wurzeln im Liberalismus bzw. in Aufklärung und Christentum getrennt. Mit dieser echten Adoption soll es gelingen,»das Neue aus dem Alten erstehen zu lassen« (Xi 2014: S. 201) und dabei das Nützliche marktwirtschaftlicher Ideen zu übernehmen, ohne deren freiheitliche Weltanschauung zu inkulturieren und zu adoptieren. Die so weltanschaulich entwurzelten marktwirtschaftlichen Motive müssen dann in das kommunistische Menschenbild integriert werden. Dieses neue versteht sich im Gegensatz zum tradierten kommunistischen Menschenbild als realitätsnäher, weil es auch positive Anreiz- und Leistungswirkungen von Risikobereitschaft und Eigennutz im Wettbewerb integriert. Eine solche marktwirtschaftliche Erweiterung der Moral hat das Ziel, dass etwa erfolgreiche Innovationen nicht einem fremden marktwirtschaftlichen, sondern letztlich dem kommunistischen Selbstbewusstsein folgen, weil die dafür zugrundeliegenden Motive zuvor zum erweiterten Wesen kommunistischer Identität gemacht wurden. Der Mensch soll etwas riskieren! Er darf und soll eigene Ideen und Interessen einbringen! Er soll in den Wettbewerb mit anderen gehen, sich zu Leistung und Innovation herausfordern lassen! Und er soll auch für gute Leistung belohnt werden! Dies alles aber nicht als Ausdruck individualistischer Selbstverwirklichung, sondern als Beitrag zum kollektiven Erfolg Chinas und womöglich in der Annahme, damit in alter konfuzianischer, vor allem aber immer chinesischer Tradition zu stehen. Der neue, ver-

---

72 Das Modell des»Homo oeconomicus« will kein Menschenbild sein. Es ist eine in den Wirtschaftswissenschaften gebräuchliche Annahme, dass Menschen sich im Markt als egoistische Nutzenmaximierer verhalten. Mit dieser Annahme, die natürlich nicht mit dem realen Verhalten und den wirklichen Motiven der Menschen am Markt übereinstimmt, lassen sich Prognosen erstellen, etwa zu den Folgen von Inflation auf das Kaufverhalten oder von Sozialtransfers auf Arbeitsleistung. Das Modell will deshalb eine bloße Heuristik sein. Die Übergänge zu einem damit doch implizit eingeführten Menschenbild bleiben aber fließend.

antwortungsbewusste Mensch nach Xis Vorstellung versteht dann marktwirtschaftliche Züge in seinem Denken und Handeln als kommunistisch.

Gesellschaft

Die chinesische Variante des Kollektivismus will als praxisnah und nicht als dogmatisch verstanden werden. Auch mit dem konfuzianischen Gewand geschmückt, fordert sie deshalb nicht etwa, dass einfach alle Menschen gegen ihren Willen gleichgeschaltet werden und wie Lemminge willenlos der Partei hinterherlaufen. Vielmehr geht es im Ideal der Harmonie um eine innere moralische Sozialisierung der Menschen, die sie in ihrem persönlichen Selbstverständnis und in ihrem Gewissen abhängig macht von den kommunistisch beherrschten sozialen Kontexten. Dabei gibt die Partei die moralische und politische Orientierung vor. Ein solcher Sino-Kollektivismus zielt darauf ab, das Wollen und Sollen der Menschen gleichermaßen zu dominieren und zu harmonisieren. Dazu braucht es die Umerziehung zu den neuen, edlen Menschen. Die Idee der konzentrischen Kreise lässt dabei Abstufungen im Grad der Homogenität zu. Im Kern aber braucht es eine fundamentale Harmonie, die sich in habituell geteilten Werten samt der großen Vision zeigt.

Das Ziel der moralischen Kultivierung der Person durch eine strenge Tugendbildung kann dabei gut konfuzianisch begründet werden.[73] Die Inhalte dessen, was als patriotisch und damit als edel gilt, werden nunmehr aber nicht durch konfuzianische Weisheiten, sondern von der Partei bzw. von Xi selbst vorgegeben. In der Praxis heißt das: Das Guanxi kann und soll zugleich moralischen Druck ausüben.

---

73   Vgl. Roetz (2009: S. 43f.).

Denn es lässt sich passgenau von einer herrschenden Politik zu einer Sozialkultur nutzen, die ideologisch politischen Druck als selbstverständliches Bindeglied der Gesellschaft verkauft und einfordert. Diese anti-individualistische Prägung begünstigt die sino-kollektivistische Kultur, was einer wirksamen Verbreitung der Ideologie der KPCh zugutekommt und mit individualistischen Freiheitsideen fundamental konkurriert.

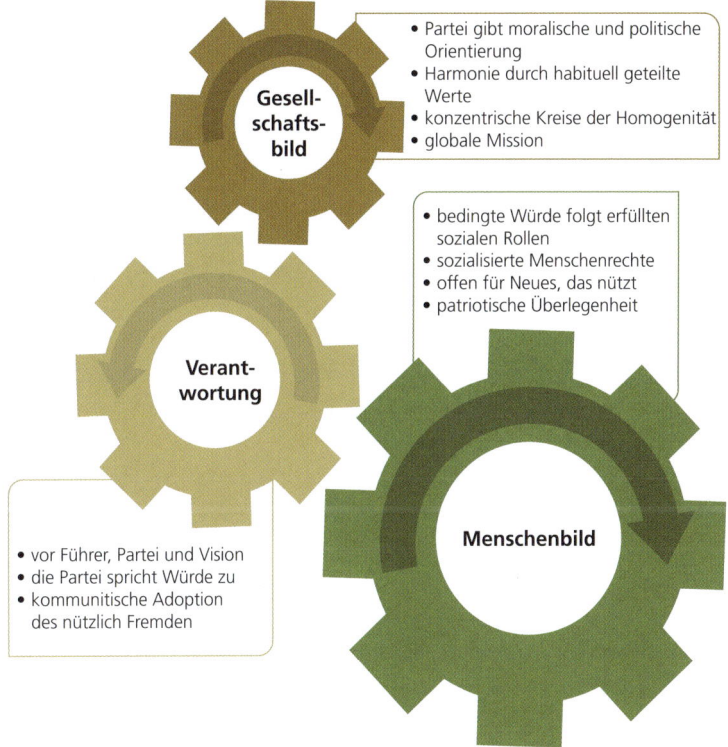

Dar. 13: Die Wertebasis zum Regierungsethos

Ausgehend davon besteht ein zentraler Anspruch dieses kollektivistischen Sino-Marxismus darin, freiheitlich westliche Muster von

Menschenwürde und Ethik zu dekonstruieren und abzulösen. Anschließend kann und soll dann eine neue Weltordnung mit einem neuen Weltethos global implementiert werden.

Zusammenschau

Das Menschen- und Gesellschaftsbild greift unmittelbar mit dem Verantwortungsverständnis zusammen, so dass sie folgendermaßen skizziert werden können (▶ Dar. 13).

11
Sozialethische Prinzipien

Die Wertebasis des Regierungsethos haben wir umrissen. Nun kann sich im Rahmen der kritischen Diskussion in einem nächsten Schritt exemplarisch ein kurzer Blick auf einige soziale Ordnungsprinzipien richten, die sich aus der Wertebasis konsequent ableiten lassen. Als solche Instrumente zeigen sich die konservative Offenheit des Marxismus für eine dynamische Tradition, die Tugendzentrierung und die Optimierung der Effizienz.

Dynamische Tradition

Gesetzt sind im Sino-Marxismus das Festhalten am sozialistischen Weg, an der demokratischen Diktatur des Volks, an der Führung durch die KP Chinas sowie am Marxismus-Leninismus und den Mao-Zedong-Ideen. Diese Tradition gilt es unbedingt zu bewahren und mit deren Hilfe die große Vision zu erfüllen. Wesentliches Prinzip für den Umgang damit ist die bedingte Öffnung dieses traditionellen chinesischen Marxismus für Neues, das nützt und passt. Mit dieser dynamischen Tradition hebt er sich in der eigenen Wahrnehmung ausdrücklich vom Dogmatismus anderer Marxismen ab und öffnet sich für neue Entwicklungen, ohne dabei aber seine weltanschaulichen Fundamente in Frage stellen zu wollen. Das beweist vor allem die echten Adoptionen im Rahmen des Menschenbildes, die Öffnung für marktwirtschaftliche Elemente in die Wirtschaft oder die starke tugendethische Ergänzung der materialistischen Weltsicht. Damit entwickelt sich die Ideologie tatsächlich weiter. Sie nimmt neue Ideen auf und kann sich so auch neuen Umständen besser anpassen, ohne an ihrem Fundament zu rütteln. Für eine vielleicht schon totgesagte Ideologie wie den Marxismus ist eine solche Offenheit, wenn sie ehrlich und erfolgreich umgesetzt wird, ein möglicher Weg in die Zukunft. Er bewahrt konservativ das für gut gehaltene Fundament und wendet es anschließend als Brille an, um die Gegenwart zu verstehen und sich davon auch bereichern zu lassen, möglicherweise auch im eigenen Menschen- und Gesellschaftsbild. Diese Logik einer Kombination aus Fundament und Dynamik findet sich auch schon, nur völlig anders begründet, bei dem großen Theologen Thomas von Aquin, der so den Wahrheitsanspruch seiner Weltsicht, also das Naturrecht, auch für künftige Generationen retten wollte und konnte, zumindest für diejenigen, die diese Lehre auch heute noch vertreten.

Die bei Xi anzutreffende Strategie einer endogenisierten Adoption ethischer Begriffe ist dagegen nicht mehr als ein verdeckter Ausdruck des konservativen Fundaments. Denn wirklich Neues wird damit ja nicht in das Denken und Handeln eingelassen. Die Idee der Endogenisierung findet sich auch anderswo schon systematisch gut entfaltet, so etwa (allerdings ideologisch wiederum auf völlig anderer Spur) im wirtschaftsethisch-ökonomischen Ansatz von Karl Homann. Ethisch klingende Worte wie etwa Würde, Solidarität oder Gemeinwohl werden in diesem Ansatz in die Ökonomie eingelassen, nachdem sie all diejenigen Inhalte, die nicht in die ökonomische Sprache übersetzt werden können, in einem Filter hinter sich gelassen haben. Menschenwürde wird dann etwa definiert allein aus egoistischen Nutzenüberlegungen: Soziale Transfers an Bedürftige sind dann als Duldungsprämien zur Minderung des gesellschaftlichen Drohpotentials eine Nutzensteigerung für die Geldgeber. Darüber hinausgehende Bedeutungen und Inhalte von Würde spielen dann aber keine Rolle. Eine solche Strategie der Endogenisierung hat den strategischen Vorteil, Menschen mit anderen Wertevorstellungen für die eigenen Werte zu gewinnen, ohne deren Inhalte zu übernehmen. Wenn nun also Xi etwa, wie wir oben schon gesehen haben, von Rechtsstaat und Menschenrechten spricht, so öffnen sich damit die Ohren auch westlicher Politiker. Dieser diplomatische Erfolg wird natürlich mit dem Preis erkauft, dass die adoptieren Begriffe zu entleerten Wieselworten geworden sind, ohne gemeinsamen substantiellen Inhalt. Hier gilt es dann also, sehr gut die Geister zu unterscheiden und hinzuschauen, was bekannte Begriffe hier inhaltlich tatsächlich transportieren.

Tugend

Zweites großes Ordnungsprinzip in Xis DNS ist die Tugendzentrierung, die sich in der Bestimmung gesellschaftlicher Ziele ebenso findet wie in den proklamierten Erziehungsidealen. Die sozialen Ziele wie Wohlstand, Entwicklung und Modernisierung werden nicht allein quantitativ monetär interpretiert. Sie werden qualitativ mit einem Tugendideal verbunden, so dass Zahlen allein niemals als Erfolg angesehen werden können (Xi 2022: S. 149). Eine solche tugendethische Verlinkung zu einer qualitativen Interpretation wird seit vielen Jahren auch in westlichen Ländern immer wieder mehr oder minder erfolglos diskutiert, etwa mit Blick auf das Wohlstandsziel in Deutschland oder anderswo. Für eine ethische Bewertung der somit normativ aufgeladenen Ziele muss dann aber der Ertrag stets an den Absichten und Konsequenzen der vorausgesetzten Tugend-Ideologie gemessen werden. Sie gibt den quantitativen Zielen erst eine qualitative Semantik. Und hier scheiden sich dann eindeutig die Geister zwischen sino-marxistischer und freiheitlich-westlicher Perspektive fundamental.

Die qualitative Auslegung der Ziele korrespondiert mit einem tugendethischen Fokus in den Erziehungsidealen des Volkes. Es braucht nach Xis Regierungsethos moralische Menschen, die von einem Ideal begeistert werden. Erst wenn es gelingt, solche Menschen erzogen zu haben, sollte die Ausstattung mit fachlicher Kompetenz und die Umsetzung in die Praxis erfolgen. Dieser von Xi vertretene Motivationsansatz findet sich, anders begründet, ähnlich auch beim schon weiter oben erwähnten Führungsinstitut der US-Streitkräfte. Er nimmt den Menschen mit seiner Moral als den zentralen Ausgangspunkt jeder Führungsethik in den Blick. Diese Wiederentdeckung der Moral ist sozialethisch gesehen beachtlich. Die besondere Betonung der Tugendethik bei Xi tritt damit auch den rein institutionenethischen Ansätzen von Wirtschaft und Gesellschaft entgegen, welche die Moral allein in den Regeln, nicht aber in den Haltungen der Menschen verorten wollen. Eine weitergehende ethische Bewertung dieses chinesischen Weges steht und fällt nun aber selbstverständlich damit, welche Inhalte hier mit der gewünschten Tugend konkret verbunden werden und wie das Ziel der Tugendbildung erreicht werden soll. Umerziehungsprogramme zum Marxismus müssen hier fraglos umstritten sein.

Effizienz

Drittes großes Ordnungsprinzip ist die Optimierung von Effizienz. Ganz im Dienst der großen Vision natürlich. Der führungsethische Motivationsansatz von Xi versucht alle möglichen Leistungspotentiale der Bevölkerung für die Realisierung der ambitionierten großen Vision optimal zu nutzen. Viele Ansätze in der bekannten westlichen Führungstheorie und -ethik betonen dagegen nur recht einseitige Prioritäten, etwa institutionen- oder tugendethisch, die Begeisterung für eine große Vision, einen heroischen Führer, eine befreiende Sozialkultur, Gemeinschaftssinn, Erfolg, Stolz, Angst oder Trotz. All diese Quellen will Xi aber nunmehr gemeinsam und gleichzeitig unter einem Dach zum Sprudeln bringen. Bietet dieses Verantwortungsmodell also eine tragfähige Basis für eine überlegene Motivationsstrategie zu einer optimierten Leistungsbereitschaft?

Immerhin verspricht sie zählbaren Erfolg, nimmt dazu aber in Kauf, dass auch Anreize zur Entfaltung destruktiver Kräfte gesetzt werden, wie etwa Angst oder Trotz.

Gesellschaftlich wichtige Entscheidungen können in Xi Jinpings Regierung deutlich schneller getroffen und umgesetzt werden als etwa in westlichen Demokratien (Xi 2022: S. 299):

> » Der größte Vorteil des sozialistischen Systems besteht darin, dass Entscheidungen der zentralen Führung umgehend und ohne Einmischung anderer Seiten umgesetzt werden.

Dieser Effizienzvorteil autoritärer Diktatur hat sozialethische Relevanz, weil so Ressourcenverschwendung vermieden wird, indem nicht unnötige Zeit verloren geht zur Lösung wichtiger sozialer Fragen und Probleme. Dieser Vorzug effizienter Governance ist aber teuer erkauft durch die entsprechende Alleinherrschaft mit sämtlichen sozialethischen Problemen. Mit ehrlicher Konsultation, die ja im Zentrum der so verstandenen Demokratie stehen soll, hat das hingegen wenig zu tun.

Zusammenschau

Die hier vorgestellten Ordnungsprinzipien weisen einige überraschende Innovationspotentiale auf. Der Sino-Marxismus ist mit seinen Werten und Prinzipien tatsächlich keine einfache dogmatische Kopie des europäischen Ostblocks. Er will den Marxismus neu denken und ihn zukunftsfähig machen durch die echten Adoptionen. Dabei setzt er auf Tugendideale in den gesellschaftlichen Zielen wie in der Erziehung der Menschen. Und daraus könnten bemerkenswerte Effizienzpotentiale abgeleitet und freigesetzt werden. Doch auch manche Fragen bleiben (▸ Dar. 14).

Dar. 14: Sino-marxistische Ordnungsprinzipien und ihre Innovationspotentiale

Prinzipien	Selbstver-ständnis	Gegen-modell	Absicht	Fragen
Dyna-mische Tradition	Konser-vativ und (bedingt) offen für Neues	Dogmatis-mus und Beliebigkeit	Zukunfts-fähiger Marxismus	Erstrebens-werter Mar-xismus?
Tugend	Gesell-schaftliche Ziele und Menschen mit Moral	Rein quanti-tative Werte und Institu-tionenethik	Gesellschaft baut auf Moral	Inhalt und Zwecke dieser Moral? Wahrhaftig-keit zählt nicht zu den Tugenden
Effizienz	Ganz-heitliche Führungs-kultur	Ressourcen-verschwen-dung und einseitige Führungs-theorien	Optimale Ausschöp-fung aller Leistungs-potentiale	Konkurrenz zur Konsul-tativdemo-kratie, auch destruktive Potentiale

Werden in diesen Ordnungsprinzipien durch die ambitionierte Synthese unterschiedlichster Ideen, Theorien und Ethiken unter sino-marxistischer Flagge nie dagewesene menschliche Energien entfesselt? Und wenn ja, wäre damit die Überlegenheit dieses Regierungsethos gegenüber anderen erwiesen? Diese Fragen rufen nach einer vertieften kritischen Auseinandersetzung damit, ob die ganze Ideologie überhaupt in sich stimmig ist und inwieweit auch ihre Konsequenzen einer freiheitlich-westlichen Gesellschaftsethik überlegen sind. Diese Fragen werden nun zu prüfen sein. Und es bleibt dabei die ganz grundsätzliche Frage: Gelingt diese anthropologische und soziale Adoptionslogik zu einem in sich stimmigen und praktisch umsetzbaren Menschen- und Gesellschaftsbild, welches die sozialethische Wertebasis von Politik und Kultur auch in einem noch erkennbar marxistischen Geist durchdringt? Und das zunächst noch ganz unabhängig davon, ob man selbst die marxistische Ideologie teilt oder ablehnt.

12
Anwendbarkeit

Werte und Ordnungsprinzipien müssen sich in der Praxis als stimmig und umsetzbar erweisen. In einem nächsten Schritt unserer kritischen Diskussion werden deshalb nun anhand exemplarischer Schwerpunkte einige Fragen der Anwendbarkeit kritisch diskutiert.

Von Vision, Ideologie, Recht und Kultur

Vision und Meilensteine

Zu den praktischen Unterzielen der großen Vision zählt Xis globaler hegemonialer Anspruch für China. Dieser wird etwa gegenüber westlichen Vertretern von Xi zwar immer wieder bestritten. Die Reden im eigenen Land aber, etwa vor der Partei oder vor der Armee, sprechen eine deutlich andere Sprache, ebenso die politischen Einschüchterungen und Drohungen nach innen und nach außen. Und das Prinzip »Ein Land – Zwei Systeme« ist offenbar als eine Täuschung entlarvt.

Xi Jinping fordert immer wieder rein bilaterale Verhandlungen zwischen Staaten, um so die eigene Machtposition zulasten der Schwächeren auszunutzen. Sein China stellt sich über die UN und internationales Recht, schafft wirtschaftliche Abhängigkeiten, macht sich zum dominierenden Sprachrohr abhängiger Länder und nutzt wirtschaftliche wie militärische Macht zu immer größerem Einfluss auf die Gestaltung der Weltordnung. Xi und seine Gefolgsleute im chinesischen In- und Ausland verschleiern mit zahlreichen Lügen die wirklichen Interessen.

Der Weg zur Umsetzung der großen Vision wird untermauert durch die auffallend starke Betonung einer inneren Verschmelzung mit Nation, Kultur, Partei und Sozialismus:

> Die Einlösung der Vision gelingt danach über »die Identifikation mit dem Heimatland, der chinesischen Nation, der chinesischen Kultur, der Kommunistischen Partei Chinas und dem chinesischen Sozialismus.« (Xi 2022: S. 278)

Die geforderte Identifikation mit dem großen Führer ist hier selbstverständlich mitgedacht. Eine Parallele zur nationalsozialistischen Propaganda »Ein Volk, ein Reich, ein Führer« drängt sich förmlich auf. Diese augenfällige Analogie im Wording teilt übrigens auch Elmar Theveßen auf der Grundlage vieler weiterer Quellen.[74] Patriotisches Bewusstsein mischt sich in Xis Vision in einem chinesischen Überlegenheitsethos mit einem aggressiven neototalitären Nationalismus, der sein nationales Selbstwertgefühl in der Abgrenzung zu anderen Nationen und deren Werten und Kulturen versteht.

Marxismus

Der Historische Materialismus von Marx, den Xi immer wieder als seine zentrale Methodologie herausstellt, geht von einer Abfolge revolutionärer Prozesse aus, die als dialektisch gewonnene Synthese stets etwas ganz Neues hervorbringen. Mit dieser Annahme konkurriert nun aber die patriotische Betonung, dass der Sino-Marxismus sich in der Kontinuität einer 5.000 Jahre langen Geschichte sieht. Sie verstehe sich traditionell konfuzianisch als zirkulären Kreislauf.

---

74   Vgl. Theveßen (2022: S. 77).

Aber mit solchen Brüchen nicht genug: In der traditionellen marxistisch materialistischen Sicht kommt bekanntlich zuerst das Essen, dann die Moral. Diese Logik wird nun bei Xi mit einer starken Betonung der Tugend- und Charakterbildung ins Gegenteil verkehrt. Marx erklärt die Religion zum Opium für das Volk. Xi verspricht hingegen mit der Sinisierung eine patriotische Integration der Religion. Diese Inkongruenz kann nur so miteinander in Einklang gebracht werden, dass die Religionen Schritt für Schritt sozialistisch endogenisiert werden und damit letztlich auch ihr Wesen, nämlich die Öffnung des Menschen für die Transzendenz, aufgeben müssen. Eine solche schrittweise Zersetzung des inneren Wesens von Religion ist möglicherweise bei Stalin abgeschaut. Der hatte schon eine entsprechende Infiltration als wirksamstes Mittel zur Ausschaltung der religiösen Resilienzkräfte gegen die rote Diktatur propagiert. Auch die DDR versuchte es über die Stasi mit ihrer perfiden und groß angelegten Operation Z (Z steht dabei für Zersetzung), wobei dort auch gezielt einzelne Menschen zersetzt werden sollten.[75]

Es wundert wohl, dass Xi immer wieder betont, China strebe nicht nach Hegemonie. Dagegen stehen nicht nur die zahllosen Beweise chinesischer Politik, die ja das Gegenteil beweisen, sondern auch die marxistische Ideologie selbst. Diese fordert ja geradezu die Weltrevolution. Und China unter Xi versteht sich doch offenbar als Motor dieser Ideologie. Die dagegen starke Betonung patriotischer und nationalistischer Identität passt ebenso nicht in das klassische Schema von Karl Marx.[76] Aber das gab es unter Stalin in der Sowjetunion auch schon.

---

75   Vgl. etwa Trobisch-Lütge (2016). Für eine entsprechende Strategie der seinerzeit herrschenden Kommunisten im katholischen Polen vgl. etwa Wlodarczyk (2023).

76   Vgl. Hoston (1994: S. 40).

Auch ist durchaus zweifelhaft, ob es Marx und Engels, erst recht aber Mao, Recht wäre, dass ihre ideologischen Thesen nun durch Argumente von Konfuzius u. a. alter Meister gestützt werden. Hier wächst zusammen, so scheint mir, was aus Sicht der traditionellen marxistischen Ikonen nicht zusammengehört. Gleiches gilt für die Übernahme marktwirtschaftlicher Elemente. Und ob Engels tatsächlich ein Vorkämpfer des Umweltschutzes war, wie Xi behauptet, das darf wohl trefflich diskutiert werden. Ging es diesem nicht eher um eine ideologische Kritik an einem unverantwortlichen Umgang mit den Produktionsmitteln als darum, wie es Xi behauptet, den Umweltschutz als ein eigenes gesellschaftliches Ziel zu profilieren?

Konfuzius-Adoption

Auch die Übernahme konfuzianischer Gedanken in den Sino-Kollektivismus weist deutliche Bruchstellen auf. Bei Konfuzius ist offenbar die Familie die zentrale Referenz der sozialen Persönlichkeiten. Zwar stellt Xi immer wieder die gesellschaftliche Bedeutung der Familie heraus. Doch der bei Konfuzius mitschwingende Gedanke der Subsidiarität verschwindet nun, wenn nicht die Familie, sondern nunmehr die herrschende Partei umfassend die sozialen Kontexte, Recht und Moral bestimmt. Dann ist auch die Familie nur ein Arm der kommunistischen Parteikultur. Damit geht auf Dauer die moralische Einzigartigkeit der Menschen verloren, da ja alle nunmehr Freiheit als die Abhängigkeit von parteibeherrschten sozialen Kontexten verstehen sollen. Ausdrücklich richtet sich dann etwa die gemeinsame Guanxi-Identität auf die Zugehörigkeit zur oder Unterstützung der herrschenden Partei und ihrer Politik[77], die – anders als offenbar noch bei Konfuzius und seinen Schülern gedacht – den auch verpflichtenden sozialen Zusammenhalt nunmehr begründet. Auch bleibt heute die Frage offen, wie diese Art von den kommunis-

---

77   Vgl. Kern (2021: S. 12).

tisch sozialisierten edlen Personen mit der neu-konfuzianisch propagierten Rollen-Ethik leben kann. Der sino-marxistisch umerzogene, patriotische Mensch springt ja nun nicht von einer sozialen Rolle in die nächste, sondern er muss als Kontinuum seiner Identität die Konformität mit der kommunistischen Moral in diese sozialen Kontexte und Rollen stets mitnehmen. Das aber widerspricht der konfuzianischen Idee dekonstruierter Identität in Kontinuität.

Demokratie und Volkswille

In der Konsultativdemokratie mit starken Anklängen an die Logik der Diskursethik sollen ausdrücklich die Interessen des Volkes einfließen, auch kritische Anmerkungen und Verbesserungsvorschläge. Die erwünschte Kritik beschränkt sich dabei aber nur darauf, eine nicht linientreue Ausführung der Grundsätze und Parteivorgaben aufzudecken. Eine Kritik am großen Führer und der grundsätzlichen Parteilinie ist dagegen strikt unerwünscht. Wer aber kontrolliert dann den ideologischen und den operativen Baumeister des Käfigs in den je eigenen Verantwortungsbereichen? Es scheint vielmehr so: China ist eine absolutistische Diktatur ohne eine legale Opposition.

Das diskursive Ideal der Konsultativ-Demokratie steht auch in einem Spannungsverhältnis zum Governance-Ideal der Regierung. Nur wenn die Entscheidungen autoritär, schnell und ohne große Diskussion getroffen werden, werden solche Effizienzpotentiale wirksam. Lange Konsultationen sind da hinderlich.

Xi versteht China als Volksdemokratie, in der der von der KPCh verkörperte Wille des Volkes die Politik bestimmt. Der Wille des Volkes wird nun aber von der Partei gelenkt, etwa durch die groß angelegte Umerziehung zu neuen patriotischen Menschen. Diese Umerziehung verändert die Moral und das Recht, das wiederum die künftige Sozialkultur determiniert. Xi preist zudem die möglicherweise gebotene Unterordnung der Interessen des Volkes unter ein höheres, von der Partei fixiertes Interesse:

>> Das Volk hat seine eigenen Bedürfnisse bewusst den Gesamtinteressen untergeordnet. (Xi 2022: S. 62)

Welche Art von Gemeinwohl ist denn nun hier im Sinne einer Volksdemokratie wirklich gemeint, wenn Volk und übergeordnete Interessen offenbar gegeneinander ausgespielt werden?

Unter Berufung auf den Konfuzius-Schüler Mengzi gilt das Wohlergehen des Volkes höher als eigener Profit.[78] Die damit geforderte Opferbereitschaft der Menschen zugunsten des Kollektivwillens wird im Konfuzianismus wohl an die oberste Kardinaltugend der Menschlichkeit (*ren*) geknüpft.[79] Auch wird im Konfuzianismus ein Widerstandsrecht gegen eine Schreckensherrschaft eingeräumt. Im sino-marxistischen Harmoniegedanken hingegen ist die Opferbereitschaft für das Gemeinwesen von möglichen humanistisch-personalen Gedanken und erst recht von konterrevolutionären Anklängen gelöst und sogar noch tugendethisch überhöht. Es reiche danach also nicht aus, Opfer aus Pflichtgefühl für die Gemeinschaft zu erbringen. Vielmehr darf das individuelle Opfer (etwa der gesellschaftlich erzwungene Verzicht auf eine gute Ausbildung zugunsten anderer) nicht allein aufgrund von Reflexion als eine schmerzliche Notwendigkeit hingenommen werden. Neu-konfuzianische Harmonie fordert darüber hinaus, dieses Opfer im Sinne einer »selfcultivation«[80] als Bereicherung der eigenen Identität zu verstehen. Der von der KPCh in diesem Sinne diktierte Kollektivwille soll also nach dem Willen von Xi nun derart von den Menschen verinner-

---

78   Vgl. Feege (2022: S. 54).
79   Vgl. Paul (2010: S. 31).
80   Li (2018: S. 12).

licht werden, dass es kein davon unabhängiges individuelles Wollen mehr geben soll. Solche Individualität muss zugunsten der Parteikonformität abgetötet werden. Das widerspricht nun aber der konfuzianischen Warnung vor einem Kollektivegoismus und erst recht einem freiheitlich-christlichen oder aufgeklärten Menschenbild.[81] Denn es ließe sich damit auch die vollständige Depersonalisierung begründen, wie etwa auch darwinistisch begründbare Opfer (auch als Tötung) von körperlich schwachen und/oder kranken Menschen zugunsten des von der Partei so definierten »Gemeinwohls«. Hier liegt ein Zirkelschluss vor, der die faktische Partei- als Volksdemokratie verschleiert.

Einheit und Harmonie

Als Volkswille wird von Xi auch stets die harmonische Einheit Chinas betont. China habe im Gegensatz zu anderen Ländern niemals Kolonialismus betrieben und Menschen gegen ihren Willen unterdrückt. Die Wahrheit sieht wohl anders aus: Denn die Geschichte Chinas ist eine lange Geschichte der Kolonialisierung, Unterwerfung und Unterdrückung anderer Völker und ethnischer Minderheiten, bis in die Gegenwart hinein. Die Beispiele von den Studentenprotesten auf dem Platz des himmlischen Friedens 1989 und jüngst in Hongkong, die Besetzung Tibets, die fortlaufende Verfolgung von Christen und Uiguren u. a. beweisen, dass gerade heute diese propagierte Einigkeit durch Zwang und Umerziehung erzielt werden soll. Da hilft auch das schöne Bild von den konzentrischen Kreisen wenig. Es ist also wohl noch ein sehr langer Weg bis zum realisierten Ziel einer harmonischen Einheit zu gehen. Das, was nicht in den Käfig hineinpasst und was hinderlich ist, muss identifiziert werden. Um nicht störend zu wirken, muss es dann harmonisiert oder beseitigt

---

81   Vgl. Paul (2010: S. 121).

werden. In diesem ebenso selektiven wie brachialen Sinne ist die Erziehung zum neuen Menschen zu verstehen.

Die kollektivistische Subordination des Menschen unter den Willen der Partei wird von Xi einleuchtend präsentiert durch den Vergleich mit einem Orchester oder mit einer guten Suppe aus verschiedenen Zutaten.[82] Zu bedenken ist dabei: Der einzelne Musikant oder die einzelne Zutat der Suppe sind für sich nichts wert. Sie bekommen ihren Wert erst dadurch, dass sie im Kollektiv (des Orchesters oder der Suppenzutaten) aufgehen und dort ihren bedingten Beitrag leisten. Die zunächst sympathisch anmutenden Bilder vom Orchester und der Suppe wollen im Sinne der Parteiideologie deutlich machen, dass Harmonie nicht mit Konformität verwechselt werden dürfe. Schließlich komme es ausdrücklich nicht auf Gleichheit, sondern auf eine zusammenpassende Diversität an. Konformität als »being the same« sei also gerade nicht das Ziel.[83] Das mag durchaus sein. Doch es muss dieses naive Verständnis in aller Deutlichkeit zurückgewiesen werden. Konformität ist sicher nicht mit Gleichheit zu verwechseln. Sie meint im Regierungsethos von Xi vielmehr die erwünschte Anpassung an von außen vorgegebene kollektive Ziele. So verstandene Konformität lässt Raum für Diversität, aber nicht für individuelle Entfaltung. Denn paternalistisch vorgegeben sind die Partitur für das Orchester und das Rezept für die Suppe. Vorgebende Instanz in der chinesischen Gesellschaft ist dann die Regierung. Wer nun im übertragenen Sinne nicht nach den von oben vorgegebenen Noten spielt oder wessen Geschmacksnote nicht in die vorgegebene Suppenrezeptur passt, der muss dann wiederum angepasst oder aussortiert werden. Dazu findet Xi immer wieder sehr deutliche Worte. Diese Art von paternalistisch gerahmter und gewaltsam zu erzwingender Harmonie bedeutet dann: Konformi-

---

82   Vgl. Li (2018: S. 13).
83   Li (2018: S. 9).

tät mit dem vorgegebenen Programm ist geboten. Individuelle Entfaltung ist paternalistisch einschränkt, Anpassung ggf. erzwungen, und Unpassendes wird exkludiert.

Eine solche Kritik am Harmonieverständnis unter der Knute einer dominierenden Staatsgewalt wird nun von Xi und seinen Genossen ausdrücklich zurückgewiesen mit dem weiteren Argument, man brauche in einer so harmonischen Gesellschaft keinen Zwang.[84] Schließlich sollen sich die sozial tugendhaften, die edlen sino-marxistischen Patrioten in einer Kultur des uneigennützigen Teilens alle selbstlos in das Kollektiv einbringen, ohne auf eigenen Vorteil bedacht zu sein und ohne mehr zu nehmen als man braucht. In einem solchen utopischen Urkommunismus mit Gemeineigentum, den etwa Thomas von Aquin für die ursprüngliche christliche Güterordnung (als Ausdruck der allgemeinen Bestimmung der Güter dieser Welt für alle) hielt, ist der selbstlose Beitrag für das Gemeinwohl die höchste Motivation zu Leistung und friedlichem Miteinander. Thomas von Aquin hat diese Vorstellung aber gleich wieder als unpraktikable Utopie verworfen. Denn die aus der Schöpfungsordnung abgeleitete *conditio humana* lehrt uns, dass der Mensch seinem Wesen nach nicht so selbstlos ist. Privateigentum und individuelle Leistungsanreize sind deshalb schon für Thomas von Aquin notwendig zum wirtschaftlichen Erfolg, der ceteris paribus der Gesellschaft zugutekommt.[85] Die utopische Vorstellung des selbstlosen Kollektivmenschen als verfehlte Anthropologie führt dagegen zu Ineffizienz, Verschwendung und erzwungener Konformität, die in der Vorstellung des neuen chinesischen Menschen ihren konkreten Ausdruck findet. Da zudem unter Herrschaft der kommunistischen Partei diese allein die Inhalte des Gemeinwohls festlegt, ist der Zugriff auf die Identität der Menschen vollkommen, oder besser: total.

---

84   Vgl. Li (2018: S. 11–13).
85   Vgl. Nass (2020: S. 254–267).

Menschenrechte

Die sinisierten Menschenrechte werden kollektiviert, endogenisiert und damit relativiert. Erste soziale Menschenrechte sind nunmehr Wohlstand und Entwicklung, wobei diese nun selbst qualitativ ideologisch verstanden werden müssen. Denn Modernisierung und Entwicklung meinen ein Wachsen im sino-marxistischen Geist und einen Beitrag zur Erfüllung des doppelten chinesischen Traumes (Xi 2022: S. 141, 286). Auch die Menschenrechte werden so dem hegemonialen kollektivistischen Anspruch dienstbar gemacht. Analoges gilt für das Rechtsstaatsprinzip.

Narrative zur Geschichte

Nach der Ära von Mao begann ab 1978/79 mit dem mächtigen Mann Deng Xiaoping zwar die Zeit einer wirtschaftlichen Öffnung des Landes, ohne dass es aber trotz der schrecklichen Verbrechen der Kulturrevolution (1966–1976) bis heute eine systematische Entmaoisierung des Landes gegeben hätte. Im Gegenteil: Xi beruft sich ja immer wieder auf Mao, stellt dessen Ideen ins Zentrum der großen Prinzipien und sieht sich selbst in der Nachfolge dieses grausamen Diktators, an dessen Händen das Blut von zig Millionen Menschen klebt. Die eigene chinesische Kolonialgeschichte wird verschwiegen. Verantwortung für das chinesische Umweltdesaster wird nicht übernommen. Stattdessen wird die freiheitliche Welt einseitig für die Weltprobleme verantwortlich gemacht (Kolonialisierung, Umweltsünden) (Xi 2020: S: 460). Vergessen wird in dem heroischen Narrativ zum Sieg über Japan im Zweiten Weltkrieg, dass dieser nicht durch die überragende Leistung Chinas, sondern in beträchtlichem Maße durch die Kriegsleistungen der USA u. a. westlicher Verbündeter gelang. Auch hier finden wir wieder eine Verfälschung der Wahrheit.

Zusammenschau

Einladende Narrative sollen die ethisch legitime und in sich stimmige Anwendbarkeit der Werte und Prinzipien unter Beweis stellen. Doch zeigen sich hier eine ganze Reihe schwerwiegender Brüche (▶ Dar. 15).

Dar. 15: Anwendung mit Widersprüchen

Einladende Narrative	Leere und Täuschung
Motivierende Vision und Meilensteine	Überlegenheitsethos
Marxismus	Ideologische Widersprüchlichkeiten
Konfuzius-Adoption	Anthropologische Widersprüche
Einheit und Harmonie	Zwang und Totalitarismus
Demokratie	Ein-Parteien- statt Volksdemokratie
Menschenrechte	Kollektive Endogenisierung
Geschichte	Verfälschte Narrative

13
Ergebnisse

Die Werte-DNS der Regierung Xi können wir nun zusammenstellen, zunächst in einer kompakten Übersicht, und dann mit einem nunmehr geschärften Blick auf die damit verbundenen Konsequenzen, welche Deutschland und die Welt bei einer erfolgreichen Umsetzung der großen Vision wohl zu erwarten haben.

DNS kompakt

Beginnen wir also mit der kurzen Übersicht zu den Ergebnissen der in diesem Teil III diskutierten Kritik: Postulate autokratischer Macht sind in diesem Regierungsethos Xi Jinpings die auch personal ausgelegte Diktatur und daraus abgeleitete Parteiherrschaft der KPCh. Sie sind bis hin zu den Parolen vergleichbaren Diktaturen entlehnt. Der so sinisierte Marxismus mit seiner großen Vision verfolgt klare Werte und Prinzipien und adoptiert Nützliches aus anderen Kulturen und Weltanschauungen für die konkrete Anwendung.

Normative Grundlage der Regierungs-DNS ist die Wertebasis. Sie gibt wesentliche Ziele vor. Das von Xi Jinping vertretene Menschenbild setzt hierbei auf die umfassende Umerziehung zum kommunistischen Kollektivmenschen, der die große Vision und die anderen Vorgaben des Käfigs verinnerlicht und zum Ausgangspunkt eigener Moral und Verantwortung macht. Solche Erziehung wird begünstigt durch korporative Traditionen (Guanxi), die Bindung des Menschenwertes an seine Rollen und patriotische Überlegenheitsmotive. Nützliche fremde Traditionen müssen habituell adoptiert werden.

Es soll also in China ein neues kommunistisches Menschenbild als Wertebasis für eine neue kommunistische Gesellschaft geformt werden, die die Welt dominieren will. Ziel ist dabei der gerade Weg zur Erfüllung der großen Vision in einer Kultur der Harmonie von Mensch, Staat und Wirtschaft. Ergo müsste die reale Gesellschaft die Entfaltung des neuen kommunistischen und damit edlen Menschen (inklusive seiner adoptierten Motive) ermöglichen. Diese Kultur soll dann jetzt unter Ägide von Xi und der von ihm dominierten KPCh in China und als internationale Führungsnation Erfolg haben, weil schließlich allein sie diese beste Entfaltung optimierter (auch individueller als kollektiver) menschlicher Motivation ermöglichen.

Aus der Wertebasis abgeleitet treten zentrale Ordnungsprinzipien zutage. Es zeigen sich hierbei im Hinblick auf die Instrumente der dynamischen Tradition, Tugendzentrierung und Effizienz zahlreiche Anklänge an bekannte westliche Ideen, etwa an das dynamische Naturrecht, an die Idee der Endogenisierung sowie an führungs- und motivationstheoretische und -ethische Ansätze. Alles atmet den Geist eines Optimum optimorum für die Realisierung der großen Vision unter Führung von Xi Jinping und der Partei. Diesem Ziel wird im Sinne der Käfig-Logik alles andere untergeordnet.

Der Sino-Marxismus versteht sich als den einzigen Garanten zur anwendbaren Erfüllung der großen Vision eines mächtigen, autarken China und einer davon dominierten Weltordnung mit einem hegemonial durchgesetzten neuen Verständnis von Würde, Menschenrecht, Demokratie und Rechtsstaat. Freiheit findet sich nur in der treuen Gefolgschaft zu Partei und großem Führer. Es gibt keine individuellen Menschenrechte und keine Toleranz gegenüber einer Opposition. Neue, edle, stolze und damit opferbereite Menschen werden herangezogen und umfassend überwacht. Sie sind – so das Ziel – nach erfolgreicher Erziehung hoch motiviert und kampfbereit nach innen und außen. Dieser patriotische Geist bestimmt die Kultur einer eigenwillig marxistisch gelesenen Harmonie und schließt die

Bereitschaft zu militärischer Aggression ausdrücklich mit ein. Alles, was dem entgegentritt, ist notfalls auch gewaltsam zu bekämpfen. Dies ist eine neue Variante eines Kulturkampfes, der aber vor allem durch Infiltration und Zersetzung des anderen sowie durch (Um-)Erziehung des Volkes erreicht werden soll. Für die Umgestaltung der Menschen und der Weltordnung wird dabei systematisch auf Lügen, Täuschung, Abhängigkeiten, Einschüchterung und offene Drohungen gesetzt. Die bisweilen einladend klingenden Narrative werden in ihrer anscheinenden Glaubwürdigkeit durch semantische Leere und offensichtliche Täuschungen ins Gegenteil verkehrt.

Die gesellschaftliche Vision vom mächtigen China bestimmt das Menschen- und Gesellschaftsbild. Die Erfüllung der großen Vision und die absolute kommunistische Parteiherrschaft gelten als Synonyme. Jede sozialethische Bewertung von Ordnung oder Politik muss dann letzten Endes vom autoritären Diktat her gedacht werden, und nicht wirklich ausgehend vom Volk. Menschen und ihre Tugenden sind zu optimierende Instrumente ebenso wie die Kultur sozialer Harmonie in weitgehender politischer Konformität. Zur praktischen Umsetzung dienen dabei weitere Hilfsmittel, wie die dynamische Anpassung marxistischer Lehre, Drohszenarien und Lügen nach innen und außen.

Es bleibt hiermit schon festzuhalten, dass eine Stimmigkeit der Vision von der Theorie zur Praxis nicht vorliegt. Hinsichtlich der Kohärenz konnten in diesem Teil III zahlreiche (politisch gewollte) Widersprüche aufgedeckt werden, sei es im Verständnis des Marxismus, der Adoption des Konfuzianismus und anderer Adoptionen oder in einem Tugendideal, das fortgesetzt mit Unwahrheiten operiert. Immer wieder auftretende Probleme mit Korruption, aufbegehrenden Freiheitsbewegungen oder kapitalistische Gier sprechen für eine fragile Sozialkultur jenseits der angestrebten Harmonie. Tobias ten Brink deckte diese Widersprüche schonungslos auf und sieht darin gar einen Verrat am Sozialismus.[86] Das Siegel einer in sich stimmigen Vision kann also diesem Regierungsethos nicht verliehen werden.

Konsequenzen für die freie Welt

Würde also die große Vision der zwei Träume wahr und daran wird ja von Xi und seinen Genossen mit Nachdruck gearbeitet, dann ergäben sich daraus für die westliche Welt gravierende Veränderungen. Erst recht, wenn dann ab dem Jahr 2049 neue große Ziele ausgerufen werden, die die aktuelle Vision noch weit übersteigen. Offensichtlich will Xi also die Welt unter einem hegemonialen Führungsanspruch Chinas marxistisch sinisieren, politisch, wirtschaftlich, militärisch, weltanschaulich. Solcher Wandel soll hier nun zugegeben etwas zugespitzt dargestellt werden. Im Blick auf die Zukunft bleibt dabei sicher manches hypothetisch, doch nach der erfolgten Offenlegung der Werte-DNS dieser Regierung durchaus gut begründet und so oder ähnlich wahrscheinlich. Diese, hier vorgenommene Schärfung will also die Augen dafür öffnen, was die von Xi angestrebte globale Verschiebung der Kräfte für uns bedeuten könnte, in der Hoffnung, dass es doch anders kommt.

Phase 1 (bis 2049): Meilensteine zur Erfüllung der großen Vision (chinesischer und marxistischer Traum)

Vision

* Alle Anstrengung richtet sich auf die Realisierung der großen Vision: Festigung einer autoritären Diktatur mit Personenkult in China

---

86   Vgl. ten Brink (2013). Zur These von der fragilen Sozialkultur Chinas heute vgl. auch Nass (2023).

Inland und Taiwan

- Vorbereitung (und Umsetzung) der Einverleibung Taiwans
- Weitere ideologische Reinigung der Partei
- Ausbau effizienter, strenger Erziehung der neuen Menschen
- Weitere Schwächung und Zersetzung der Opposition
- Marxistische Sinisierung von Wissenschaft, Kultur, Philosophie, Religion
- Optimierte Freisetzung aller Leistungspotentiale von Mensch und Technik
- Ausbau der totalen Überwachung (Sozialkreditsysteme u. a.)

Internationale Beziehungen

- Zunehmende wirtschaftliche Unabhängigkeit Chinas (Autarkie, Lieferketten)
- Gegenseitiges Ausspielen und zunehmende Zersetzung internationaler Bündnisse, Kulturen und Religionen, die mit der Politik der KPCh konkurrieren
- Ausbau internationaler strategischer Bündnisse unter chinesischer Führung
- Ausbau internationaler wirtschaftlicher und politischer Abhängigkeiten
- Ausbau militärischer Überlegenheit mit Schwerpunkt Südpazifik und daraus abgeleiteter politischer Druck (etwa im Hinblick auf Fischereirechte von Nachbarn o. a.)
- Einsatz von leeren und täuschenden Narrativen über China und die freiheitliche Welt
- Einschüchterung gegenüber allen, die sich wissenschaftlich, politisch, wirtschaftlich, militärisch o.a. den hegemonialen Zielen Chinas entgegenstellen
- Gezielte internationale Konzentration von Spitzentechnologie in chinesischer Hand

● Schrittweise Zurückdrängung westlicher Unternehmen aus chinesischen u. a. Märkten und Übernahme der Marktmacht durch chinesische Firmen und Konzerne.

Phase 2 (2049): Erfüllte große Vision und Konsolidierung

Vision

● Die große Vision ist eingelöst: China ist ein reiches, mächtiges, starkes Land und hat die harmonische kommunistische Gesellschaft verwirklicht.

● Übergänge in der Unterscheidung der Würde von Mensch und Technik (KI) verschwimmen zunehmend. Am Ende zählt allein die Leistung, möglicherweise zulasten von Menschen.

Inland und Taiwan

● Taiwan ist gegen seinen Willen in die Volksrepublik einverleibt worden, ebenso sind Hongkong und Macao gleichgeschaltet.

● Vergötterung des großen Führers Xi Jinping (ob lebend oder verstorben).

● Die Partei hat effiziente Formen der ideologischen Selbstreinigung umgesetzt.

● Die Umerziehung zu neuen chinesischen Menschen (loyal, fleißig und opferbereit) ist erfolgreich umgesetzt und setzt sich für die Folgegenerationen fort.

● Die Opposition ist weitgehend zersetzt. Neue Formen der Opposition werden durch totale Überwachung frühzeitig erkannt und im Keim erstickt.

● Es herrscht eine homogene marxistische Werteharmonie mit konzentrischen Kreisen der Begeisterung.

● Wissenschaft, Kultur, Philosophie in China sind patriotisch sinisiert.

- Die patriotische Religion in China ist zu einem willfährigen Arm der KPCh geworden ohne Transzendenzprofil. Untergrundkirchen sind bedeutungslos.
- Unerwünschte kulturelle Resilienzpotentiale sind in China weitgehend zerschlagen.
- Kontrollmechanismen sind perfektioniert.
- China ist in jeder Hinsicht autark.

Internationale Beziehungen

- China tritt in den Vereinten Nationen (UN) den USA auf Augenhöhe gegenüber mit seinen Ideen einer neuen Weltordnung ohne individuelle Menschenrechte und mit dem Anspruch sino-marxistischer Dominanz.
- Alternative internationale Bündnisse sind zerstritten und machtlos.
- Auch international gilt es, die noch gebliebenen Resilienzpotentiale durch entsprechende Zersetzungsstrategien zu schwächen (etwa religiöse oder nationale Identitäten).
- Es besteht ein globales Netz wirtschaftlicher und politischer Abhängigkeiten von der Volksrepublik China.
- Die militärische Stärke Chinas wird zu internationalem Druck auch über den Südpazifik hinaus eingesetzt. Die Forschung an Waffensystemen und Methoden der Abschreckung wird von China weiter perfektioniert (möglicherweise auch durch biologische oder chemische Waffen).
- Die inhaltlich leeren und täuschenden Narrative vom guten kommunistischen China und seinen Gegnern etablieren sich als neue »Wahrheit« und werden so weiter tradiert.
- Öffentliche Kritik von außen wird an der Regierung der KPCh nicht mehr geäußert.
- China hat die Führungsrolle im Bereich der Spitzentechnologie übernommen und kontrolliert die entsprechende Forschung.

• Chinesische Firmen und Konzerne kontrollieren die internationalen Lieferketten und Märkte.

Phase 3 (nach 2049): Eine neue Vision wird formuliert und schrittweise umgesetzt

Vision

• Eine neue große Vision für die nächsten Jahre wird formuliert. Möglicherweise lautet sie so: Aufbau einer neuen Weltordnung nach chinesischem Vorbild!

Inland

• Wenn Xi nicht mehr regiert oder nicht mehr lebt, ist es ungewiss, welchen Kurs eine neue Führung einschlagen wird. Sollte es eine Konsequenz des bisherigen Weges sein, dann bedeutet dies, das Vermächtnis von Xi nun weiter fortzusetzen.
• Religion ist in China zu einer inhaltsleeren Chiffre geworden.
• Möglicherweise spielen Klimaziele eine Rolle, um die Lebensqualität in China zu verbessern (saubere Luft, Wasser etc.).

Internationale Beziehungen

• Zersetzung noch gebliebener alternativer internationaler Bündnisse und Machtzentren (etwa Ölkartelle, Restbestände westlicher Industrie und Wissenschaft).
• Militärisch schwingt China sich zur globalen Schutzmacht auf und setzt damit seine Werte und Kultur international durch.
• Militärische Überlegenheit soll so weit ausgebaut werden, dass eine Abschreckung der freiheitlichen Welt dagegen wirkungslos bleibt.
• Die neuen chinesischen Menschen werden an Schaltzentralen der globalen Macht postiert (Politik, Wirtschaft, Wissenschaft

u.a.). Und in der Folge: Eine von der KPCh eingesetzte willfährige KI ersetzt zunehmend solche Menschen.

- Die Idee der Werteharmonie mit konzentrischen Kreisen sowie
das Narrativ von den verschiedenen Systemen unter einem Dach
wird auf die globale Ordnung übertragen.
- International gilt es, die noch gebliebenen Resilienzpotentiale
von Religion (etwa in muslimischen Ländern) langfristig vollstän-
dig zu zersetzen.
- Die Bewunderung der sino-marxistischen Kultur wird ein Export-
schlager, um anderen Länder (die inzwischen schon kulturlos geworden sind) ein neues Leitbild anzubieten.
- Globalisierung totaler Überwachungssysteme in Wirtschaft, Politik, Wissenschaft u.a.
- Die Weltordnung wird neu sortiert. Individuelle Menschenrechte
werden nunmehr auch offen in Frage gestellt, ein neues sinisier-
tes und damit anti-liberales Leitbild von Demokratie und Rechtstaat wird auch auf internationaler Ebene schrittweise etabliert,
auch im internationalen Recht.
- Freiheit von Wissenschaft, Justiz, Presse u.a. verlieren auch international ihren Status als Leitkultur.
- China ist das Zentrum globaler Macht, Kultur, Wirtschaft. Es wird
zunehmend die normative Kontrollinstanz für die Zensur in den
Geistes- und Sozialwissenschaften. Einseitige patriotische und
nationalistische Narrative verfälschen die Geschichte.
- Es braucht noch eine Strategie, um einen festen Zusammenhalt
zwischen Machtzentrale und Vasallen in den nunmehr globalen
konzentrischen Kreisen aufzubauen.

Ist das ein Zerrbild? Oder gar ein Teufel an der Wand? Ich meine
nicht. Zumindest deutet die DNS des Regierungsethos von Xi auf
eine in dieser Weise oder ähnlich angestrebte Zukunft der Weltordnung hin. Und selbst wenn dieses Szenario des globalen Käfigs milder käme, was ich sehr hoffe, so bleibt doch der Grundkonflikt der

Systeme, begründet vor allem in den konkurrierenden Menschen-, Verantwortungs- und Gesellschaftsbildern.

Teil IV
Antwort der Freiheit im Wettbewerb der Werte

Wie nun sollen die freiheitlichen Länder und darunter auch Deutschland sich gegenüber dem von Xi mit harter Hand und großen Visionen regierten China positionieren. Zu lange galt bei uns wie anderswo noch das Prinzip einer strategischen Partnerschaft. 2020 zogen sogar noch viele Deutsche China als verlässlichen Partner gegenüber den USA vor. Diese Naivität sollte inzwischen ein Ende gefunden haben, ebenso die schiefe Bahn einer möglicherweise empfundenen Äquidistanz unseres Verhältnisses zu China und den USA. Deutschland ist fester Bestandteil der westlichen Welt mit einem freiheitlichen Menschen- und Gesellschaftsbild. Bei allen sicher auch berechtigten Anfragen an eine interessengeleitete Politik der USA oder anderer westlicher Demokratien mit den egoistischen Zügen solcher Regierungen muss Deutschland an dieser Seite seine Heimat wissen. Mehr noch: Es muss das Bewusstsein in einer solchen freiheitlichen Koalition auch weiter ausbauen. Wie also sieht nun die deutsche China-Strategie der Zukunft aus? Das soll die Leitfrage in diesem letzten Teil IV sein. Inzwischen machten ja, wie schon am Beginn dieses Buches erwähnt, die Schlagworte von De-Risking oder gar De-Coupling die Runde. Ist Abgrenzung also der richtige Weg? Für eine gut durchdachte Antwort schauen wir mit einem nunmehr geschärften Blick auf die möglichen Antworten zu den großen Herausforderungen und auf Strategien zu einem verantwortlich-verantwortbaren Umgang mit dem mächtigen China unter Xi Jinping und auch die irgendwann anbrechende Ära danach.

Dar. 16: Die »Statue of Libery« symbolisiert die freiheitlichen Werte der Vereinigten Staaten von Amerika – bei der Gestaltung des Verhältnisses zur Volksrepublik China und im Systemwettbewerb mit ihr fehlen allerdings solche attraktiven und wirkungsmächtigen (Alternativ-)Visionen.

Das Regierungsethos von Xi und seinen Genossen beseelt mit seinem Menschen- und Gesellschaftsbild, mit seinen Werten und Prinzipien das Paradigma einer neuen, sinisierten Weltordnung. Xi punktet dabei mit der klaren Formulierung einer transparenten Vision, aus der er konkrete Meilensteine und andere Ziele ableitet und vorgibt. Als Visionär wird er damit seiner Rolle als großes Vorbild und personifizierte Tugend gerecht. Die Vision von einem starken China mit einer globalen Führungsrolle eint und motiviert viele Menschen Chinas, stärkt den Patriotismus, gibt ihrem gemeinsamen Tun eine erkennbare Richtung und einen Maßstab zum Erfolg. Das gilt zumindest für alle, die Xi und seiner Vision aus Überzeugung oder auch blind folgen.

Die Aussichten können uns nicht kaltlassen. Denn das Ziel dieser Regierung ist eine neue Welt- und Werteordnung. Die langfristige Strategie freiheitlicher Menschen und Länder muss deshalb heute und für die Zukunft eine nachhaltige Resilienz sein gegenüber den hegemonialen Ansprüchen auch über Rechte, Werte und Würde. Der Weg dahin erfordert eine wirksame Wertestrategie Deutschlands im Verbund mit anderen freiheitlichen Nationen. Denn wir stehen nun auch wieder an einem Scheideweg, zwar anders gelagert, aber dennoch ist die Situation auch vergleichbar mit dem Deutschland von 1952, dem Bundeskanzler Konrad Adenauer seinerzeit programmatisch zurief:»Es ist die Schicksalsfrage Deutschlands. Wir stehen vor der Wahl zwischen Sklaverei und der Freiheit. Wir wählen die Freiheit!« Auch wir heute sollten wieder die Freiheit wählen und danach handeln.

Hierbei geht es um einen Wettbewerb der Systeme, der letztlich ein Wettbewerb der Werte ist. Wenn nun Deutschland sich gemeinsam mit den freiheitlichen Ländern den damit verbundenen Herausforderungen einer neuen Welt- und Werteordnung in einem solchen Wettbewerb stellen will, braucht auch diese Koalition eine sie miteinander verbindende Vision, für die sie gemeinsam steht und antritt. Die aber scheint derzeit noch im Keim der Kleinstaaterei und nationaler Egoismen erstickt zu sein. Wenn wir Antworten und Strategien im Umgang mit den großen Träumen und Visionen Chinas suchen, müssen wir uns also in Deutschland, Europa, Amerika u. a. freiheitlichen Staaten zuerst selbst die Frage nach unseren gesellschaftlichen Visionen und Träumen stellen: Für welche Werte stehen wir eigentlich mit unseren Gesellschafts- und Wirtschaftsordnungen? Was bedeuten diese Werte konkret? In welchem Menschen- und Gesellschaftsbild gründen sie? Was sind die großen Schätze so verstandener Demokratien und Marktwirtschaften? Welche gemeinsamen Ziele setzen wir uns für die Zukunft. Es braucht also einen Traum, eine Vision der Freiheit, gut begründet, semantisch gefüllt und bereit für die Zukunft. Eine solche Antwort der Freiheit soll hier in diesem Teil IV entwickelt werden. Sie betrifft Deutschland und wohl auch in gewisser Analogie die Länder an seiner Seite.

Dazu wird zunächst ganz grundsätzlich die Notwendigkeit einer solchen Wahl für die Freiheit verdeutlicht, gerade auch als die gut begründete Antwort auf das Gerede von einer Äquidistanz. Sie ist ebenso eine Antwort auf die chinesischen Ansprüche, mit einem vermeintlich ideologisch vorzugswürdigen System von Demokratie, Rechtsstaat und Menschenrecht die Weltordnung umzugestalten, und auf das Versprechen einer Optimierung menschlicher Leistung. Hierzu wird der von Chinas Führung mit Nachdruck betriebene und von manchen freiheitlichen Ländern zu lange unterschätzte Wettbewerb der Werte im Folgenden anhand einiger sozialethischer Eckpunkte vorgestellt und angenommen. Dieser Wettbewerb wird dabei in drei Runden ausgefochten. Die ideologische Kritik einer freiheitlichen Ethik am Regierungsethos von Xi ist dabei die erste Runde. Anschließend werden einige konkrete Strategiefragen diskutiert. Es geht also um nicht weniger als um die zentrale Frage, mit welchen konkreten Antworten nun eine freiheitliche Positionierung den Herausforderungen aus der Schaltzentrale in Peking begegnen kann und sollte. Gesucht wird nach einer wirksamen Wertestrategie für diesen Wettbewerb. Ziel ist dabei die Bewahrung der Freiheit im westlichen Sinne, geprägt vor allem durch jüdisch-christliche Tradition und Aufklärung. Dazu kommen aktuelle politische Konzepte ebenso wie exemplarische Experteneinschätzungen kritisch unter die Lupe. Das ist die zweite Runde des Wettbewerbs. Anschließend wird der Frage nachgegangen, wie die freiheitliche Welt einschließlich Deutschland wirksam Resilienzpotentiale mobilisieren kann, um mit ihren Werten in diesem Wettbewerb als Sieger hervorgehen zu können. Hierbei geht es um die Frage nach einer starken Koalition der Freiheit, die eine gemeinsame Vision glaubwürdig umsetzt. Dies ist dann die dritte und vorerst letzte Runde des Wettbewerbs.

14
Erste Runde: Ideologische Kritik

Zwei Themen im Wettbewerb

Das Regierungsethos von Xi Jinping, das der nunmehr freigelegten Werte-DNS folgt, soll nun also einem freiheitlichen Regierungsethos entgegengestellt werden. Folgende zwei Themen stehen dabei im Mittelpunkt einer solchen Gegenüberstellung:

- Es gehören wesentliche ordnungsethische Implikationen der Werte-DNS von Xi auf den Prüfstand, indem sie in einem Wettbewerb der Ideologien mit freiheitlichen Werten verglichen werden können.
- Das Regierungsethos von Xi erhebt den Anspruch der Überlegenheit gegenüber freiheitlicher Ordnung, vor allem durch die Orientierung an einem Optimum optimorum in der Aushebung menschlicher Leistungspotentiale, die ja ganzheitlich zur Erfüllung der Vision und wohl auch darüber hinaus freigesetzt werden sollen. Die Frage ist dann: Lässt sich dieser Anspruch aufrechterhalten und ist er überhaupt ethisch wünschenswert?

Um den Wettbewerb der Werte austragen zu können, braucht es zunächst Vergleichspunkte aus den Wertegrundlagen freiheitlicher Ordnung, deren Zersetzung sich die chinesische Führung ja ausdrücklich zum Ziel gesetzt hat. Dazu gibt es fraglos zahllose sozialphilosophische Ansätze mit unterschiedlichsten Facetten. Dieses Fass der Theorien von Würde, Freiheit und Gerechtigkeit soll hier nicht aufgemacht werden. Alle Unterschiede in Begründung und

Konsequenz von christlichen, kantischen, utilitaristischen, libertären, kommunitaristischen, egalitaristischen, rawlsianischen, neo-
aristotelischen Befähigungs-Ansätzen u.a. mit ihren Vorstellungen
von Urzuständen. Gesellschaftsverträgen, Sitten- oder Naturgesetz
sind hier also nicht das Thema.[87] Denn der Inhalt solcher zweifellos
lohnenden Diskussionen würde ganze Keller überschwemmen. Unser Blick richtet sich ja lediglich, aber immerhin, auf einige zentrale
Wertefundamente freiheitlicher Ordnung, die bei allen Unterschieden dieser Ansätze eine solche Vision grundlegend tragen und die
so mit einer sino-marxistischen Vision in einen Wettbewerb der Werte treten können. Und dafür soll hier bei aller Vereinfachung und
Verkürzung solcher Komplexität das Wagnis unternommen werden,
wesentliche Begründungsstränge freiheitlicher Ordnung zu einer
starken Koalition zusammen zu flechten. Hierzu seien exemplarisch
diejenigen sozialethischen Fundamente aus Aufklärung und Christentum ausgewählt, die im Sinne von Ernst-Wolfgang Böckenförde
in unserem Kulturkreis die axiomatischen Ewigkeitsentscheidungen
freiheitlicher Ordnung wesentlich geprägt haben. Anders als etwa
libertäre oder utilitaristische Vorstellungen sind hierbei vor allem
deontologische und metaphysische Sozialethik in der Lage, die Voraussetzungen einer solchen freiheitlichen Ordnung zu begründen,
die diese bekanntlich nicht selbst aus sich hervorbringen kann. Das
sind etwa auch die Fundamente der Sozialen Marktwirtschaft. Verbindend ist solchen Begründungen ein normativer Humanismus, der
ausgehend von der Annahme des Menschen als Person die soziale
Ordnung gestaltet. Dieser Humanismus zeichnet sich dadurch aus,
dass er für die Begründung unbedingter Menschenwürde und daraus abgeleiteter individueller Rechte universale, objektive soziale
Werte voraussetzt, die sich menschlicher Konstruktion bzw. Dekons-
truktion entziehen. Individuelle Menschenrechte und unbedingte
Menschenwürde sind also in Werten begründet, die als objektiv und

---

87   Vgl. für eine entsprechende Diskussion Nass (2006).

nicht verhandelbar gelten. Die Begründungen einer solchen Koalition werden im Folgenden exemplarisch als Referenz genommen, wohl wissend, dass es auch in einem solchen normativen Humanismus wesentliche Unterschiede in den Argumentationslinien gibt.[88]

Freiheitliche Wertebegründungen

Hierzu richtet sich nun also der Blick auf die verbindenden Wertefundamente freiheitlicher Ordnung, zunächst in einer christlich-metaphysischen, dann in einer aufgeklärt-deontologischen Begründung.

Christliche Werte und ihre Begründungen

Für das christliche Menschen- und Gesellschaftsbild halte ich mich dabei an die katholische Position, die für die Soziallehre der Kirche in der Tradition des Thomas von Aquin bis heute bestimmend ist. Diese ist in weiten Teilen auch ökumenisch konsensfähig, auch wenn es natürlich im ökumenischen Dialog und auch im innerkatholischen Bereich unterschiedliche Facetten gibt.[89] Was hierbei allen Christen gemein sein sollte, sind die ausgewählten Werteprämissen zur Begründung freiheitlicher Demokratie. Zunächst diese:

> Der Mensch ist aus christlicher Sicht Gottes Ebenbild. Gott wurde in Jesus Christus selbst Mensch. So begründet besitzt jeder Mensch individuell und personal eine unbedingte und unverlierbare Würde.

---

88 Vgl. Nass (2020: S. 81–117).
89 Vgl. Nass (2020: S. 56–66) zu den Grundlagen von christlichem Menschen- und Gesellschaftsbild sowie zu Wirtschaftsethik, Eigentumsordnung und Sozialer Marktwirtschaft aus christlicher Sicht (ebd., S. 241–276).

Menschliche Individualität geht nicht im Kollektiv unter und sie kann auch nicht von einer Partei o.a. zu- oder abgesprochen werden. Diese Idee der Personalität als individuelle Identität in Kontinuität bedeutet, dass jede christlich legitimierte Ordnung vom einzelnen Menschen her gedacht wird. Einzelne dürfen nicht zum Wohle des Kollektivs geopfert werden.

Der Mensch ist entsprechend des im Neuen Testament bezeugten dreifachen Liebesgebotes Jesu in seinem Leben verantwortlich vor Gott, vor sich selbst und vor den Nächsten.[90] Zudem ist die Bewahrung der Schöpfung eine zentrale soziale Verantwortung.

Eine Selbstaufopferung des Menschen gegenüber sozialen Zielen widerspricht dem Bewusstsein, dass jeder Mensch Gottes Ebenbild ist. Zur christlich begründeten Tugend gehört aber selbstverständlich eine soziale Mitverantwortung. Diese ist gebunden an eine gerechte Ordnung. Eine soziale Ordnung ist am Ende dann gerecht, wenn sie es jedem Menschen ermöglicht, seinen Fähigkeiten entsprechend ein Leben zu führen, das seiner ihm von Gott (mit den geschenkten Talenten) gegebenen Bestimmung entspricht. Diese persönliche Verantwortung zu tragen, erfüllt das menschliche Leben (vor sich, voreinander und vor Gott) mit Sinn. Solidarisch hat der Staat die Aufgabe, für eine solche Befähigung die entsprechenden Rahmenbedingungen zur Verfügung zu stellen. Dazu zählen etwa Gesundheitsversorgung, Bildungseinrichtungen, die Förderung sozialer und religiöser Gemeinschaften, Infrastruktur, Sicherheit usw. Im Sinne der Subsidiarität haben die Menschen dann die Eigenverantwortung, diese Rahmenbedingungen entsprechend ihrer Fähigkeiten auch gut zu nutzen. Es müssen auch staatliche oder andere Sanktionen hingenommen werden, wenn von Menschen eine zumutbare Verantwortung nicht wahrgenommen wird. Diejenigen,

---

90   Vgl. etwa Mt 22,37–39.

die sich selbst nicht helfen können, haben den solidarischen Rechtsanspruch darauf, dass ihnen die für sie nutzbaren Optionsräume zur persönlichen Entfaltung bereitgestellt werden, bis hin zu einer umfassenden Versorgung bei den besonders Hilfebedürftigen. Das ist begründet in der christlichen Vorstellung, dass jede Person individuell am Ende der Tage vor einem gnädigen wie gerechten Gott Rechenschaft über ihr Leben ablegen wird. Und deshalb sollen die Menschen befähigt werden, ihren Möglichkeiten entsprechend solche Verantwortung wahrzunehmen.

Das gesellschaftliche Zusammenleben ist irenisch, sozial affektiv und inklusiv gedacht. Für Kampfideologien gleich welcher Art ist legitimerweise kein Platz.

Vielmehr soll der soziale Frieden dadurch gesichert werden, dass die Menschen in all ihrer Unterschiedlichkeit sich miteinander und füreinander verantwortlich und auch positiv miteinander verbunden fühlen. Das gilt für alle Menschen, so dass es keine exklusive Avantgarde geben darf, die sich aufgrund bestimmter Merkmale (Rasse, Klasse, Religion, Partei etc.) über andere stellt und sie ausgrenzt, über sie verfügt oder sie instrumentalisiert. Denn nach christlicher Sicht sind alle Menschen (auch die Nicht-Christen) Gottes Ebenbild. Und in diesem Bewusstsein liegt ein inklusives Gemeinschaftsgefühl begründet. Affektives Miteinander bedeutet nicht Uniformität, sondern zeigt sich gerade im wertschätzenden Miteinander des demokratischen Pluralismus. Eine Harmonisierung der Meinungen ohne Dissens und Streit widerspricht der Individualität des Menschen.

Erwartet wird eine auch den Fremden und das Fremde schätzende wie schützende demokratische Streitkultur, in der ebenso kontrovers wie fair miteinander gerungen wird.

Das Bekenntnis zur Demokratie ist der Ordnung der Sozialen Marktwirtschaft zu eigen, die mit ihrem Menschen- und Gesellschaftsbild ausdrücklich auf christlicher Sozialethik aufbaut. Auch unbequeme Mindermeinungen müssen berücksichtigt werden. Aus dieser Wertebasis mit den daraus abgeleiteten Sozialprinzipien (Personalität, Solidarität, Subsidiarität) folgt, dass eine gute Gesellschaftsordnung der Entfaltung des Menschen als Person dienlich sein soll. Sie ist damit ein Dienstwert am Menschen und kein Selbstzweck.[91]

Deontologische Ergänzungen

Nun noch einige ergänzende Fundamente freiheitlicher Demokratie, wie sie deontologisch begründet etwa in der Sozialphilosophie von Immanuel Kant grundgelegt sind. Selbstverständlich denkt auch eine solche Wertebasis die Ordnung vom Individuum her und stellt dazu seine Freiheit als Autonomie ins Zentrum. Eine Instrumentalisierung des Menschen ist auch hier kategorisch verboten. Die Moral bringt das Wollen des Menschen mit dem ihm im Sittengesetz vorgegebenen Sollen in Einklang. Hierzu muss die vom Egoismus befreite Vernunft die Denknotwendigkeiten der Vernunft und damit transzendental die kategorischen Imperative, also unbedingte Sollenssätze, erkennen. Die unbedingte Menschenwürde lässt sich so im kategorischen Imperativ begründen, und der Katalog der Menschenrechte ist natürlich engstens mit diesem Denken verbunden, und damit die Freiheiten von Wissenschaft, Meinung, Presse, Religion etc. Kant fordert dabei eine Kultur der Wahrhaftigkeit und lehnt die Lüge kategorisch als unsittlich ab.

Hans Kelsen sieht in der Demokratie vor allem das legitime Verfahren für die Erzeugung einer Ordnung, nicht aber schon ein ganz bestimmtes konkretes Ordnungsgefüge. Dafür ist es allerdings unerlässlich, dass die Möglichkeit zu einem durch freie Wahlen herbeigeführten Machtwechsel besteht.

---

91   Vgl. hierzu ausführlich Nass (2020: S. 25–73).

> Die Güte einer solchen legitimen Ordnung zeigt sich vor allem im Umgang mit Minderheiten.

Presse- und Meinungsfreiheit sind unumstößliche Fundamente solcher Ordnung, ebenso Frieden und Toleranz.[92] Gewaltenteilung mit unabhängiger Justiz sind für den liberalen Schweizer Staats- und Verwaltungsrechtler René Rhinow in einer freiheitlichen Ordnung nicht wegzudenken. Auch er betont wie Kelsen den Umgang mit Minderheiten als den Lackmustest freiheitlicher Demokratie.[93]

> Der Kantianer Julian Nida-Rümelin stellt ergänzend heraus, dass die Orientierung des Menschen an einer wie auch immer gedachten Optimierung zum Zerfall der Autonomie und damit der Personalität des Menschen führe.

Denn wenn es immer nur darum geht, sich selbst oder andere zu immer höherer Leistung oder immer mehr Output zu optimieren, so wird dies zwangsläufig zulasten normativer Ziele gehen. Gesinnungsethisch wäre also die Selbstoptimierung als ethische Axiomatik das Ende aller anderen Wertebegründungen, seien sie nun in der Vernunft, in Gott oder andersartig begründet.

Zwei Themen auf dem Prüfstand

Der freiheitlich-kritische Wertekompass, wie er hier nun kurz umrissen wurde, kann jetzt an das Regierungsethos von Xi Jinping angelegt werden. Dazu werden zunächst zentrale ordnungsethische

---

92   Vgl. Zeleny (2018).
93   Vgl. Rhinow (2022: S. 200f.).

Differenzen offenbart. Anschließend kommt die Frage nach dem optimierten Menschen auf den Tisch.

Ordnungsethische Implikationen

Als Erstes richtet sich der Blick auf einige ordnungsethisch relevanten Implikationen:

* Aus einer freiheitlichen Sicht ist die transzendente oder etwa deontologische Begründung von unbedingter Menschenwürde, sozialen Werten, Prinzipien und Moral und deren Verinnerlichung mit der Werte-DNS der Regierung Xi nicht vereinbar. Menschenwürde, Menschenrechte und Sozialprinzipien gründen freiheitlich in einer beim Individuum ansetzenden personalen Anthropologie, die allen anderen ethischen Implikationen vorausliegt. Damit ist eine unumschränkte Autorität von Partei, Führer und ideologischer Vision nicht zu rechtfertigen.

* Gleiches gilt für den Harmoniegedanken bei Xi, der die menschliche Individualität nur als einen aus der Vision abgeleiteten Dienstwert im Käfig zulässt. Das widerspricht der Idee der persönlichen Entfaltung ebenso wie dem Ziel gewinnender gesellschaftlicher Pluralität. Vor allem eine erzwungene Umerziehung und der nationalistische Kampfgedanke widersprechen der Idee von Subsidiarität, sozialer Irenik und Toleranz. Mit dem Einsatz von Lüge und Täuschung wird zudem eine Kultur des Misstrauens gefördert, die aus christlicher wie aus kantischer Sicht verworfen werden muss.

* Anthropologisch kann eine christliche wie auch eine kantische Sozialethik den konfuzianischen Gedanken teilen, dass der Mensch nicht im Sinne eines Homo oeconomicus auf seine egoistische Interessenbefriedigung reduziert werden darf. Vielmehr kommt humaner Sozialverantwortung eine hohe Bedeutung zu. Der Mensch ist dabei aus christlicher Sicht nicht allein individualistisch, sondern immer auch als Sozialwesen zu verstehen. Die

Entfaltung der Sozialnatur hat deshalb eine zentrale Bedeutung für die menschliche Personalität. Moral und Verantwortung werden auch in dieser Perspektive wesentlich relational gedacht. Im Christentum steht hierbei vor allem die Beziehung des Menschen zu Gott konstitutiv im Vordergrund, zugleich die Beziehung und Verantwortung gegenüber sich selbst und voreinander. In einer kantischen Philosophie sind Moral und Verantwortung aus der Relationalität zum Sittengesetz der Vernunft vorgegeben. Das normative Personsein ist in freiheitlichem Denken ohne solche Relationalität nicht denkbar. Und aus christlicher Sicht ist das Zusammenleben nicht allein als eine anonyme Pflichterfüllung denkbar, sondern aus einer tugendhaften Mitverantwortung und einem Geist affektiven Miteinanders. Ein marxistischer Kampfgedanke, der ideologisch ausgrenzt, ist damit unvereinbar.

- Wesentliche Unterschiede zwischen freiheitlicher und sino-marxistischer Demokratie zeigen sich im universalen Anspruch der grundlegenden sozialen Werte und Prinzipien, die für Christen heilsgeschichtlich aus dem Plan und Willen Gottes und im kantischen Sinne aus den Denknotwendigkeiten der Vernunft abgeleitet werden. Die unantastbare Würde ist dann – christlich gesehen – durch das von Gott gegebene Wesen des Menschen begründet. Da dieses Wesen auf Gott hin ausgerichtet ist, kommt ihm von Natur aus ein Sollen zu, ohne dass also ein naturalistischer Fehlschluss vorliegt. Kantisch gesehen ist die Würde ein kategorischer und damit unbedingter Imperativ.

> Die Würde ist deshalb christlich wie kantisch-deontologisch gesehen unverlierbar und wird nicht zu- oder abgesprochen.

- Der Mensch als Person ist aus freiheitlicher Sicht individueller Träger von Rechten und Pflichten. Seine Identität und Kontinuität finden ihr Ziel und ihren Sinn christlich in der individuellen Rechenschaft vor dem Schöpfergott, deontologisch in der Verantwortung vor den Gesetzen der Vernunft. Eine politisch-ideologisch erzwungene Umerziehung zu einem neuen, vermeintlich guten Menschen widerspricht somit fundamental dem christlichen wie dem deontologisch-kantischen Freiheits- und Verantwortungsverständnis. Dieses lehnt eine konstruktivistische Anthropologie grundsätzlich ab. Der Mensch soll nicht wie eine Maschine alternativlos das von einer Ideologie sozial Gewünschte tun. Er ist nur dem Naturgesetz Gottes bzw. dem Sittengesetz (als dem Maß und Ursprung des Guten) gegenüber moralisch verpflichtet. Und in der ihm geschenkten Freiheit soll er unter Alternativen frei wählen können.

> Und niemals darf eine weltlich menschliche Instanz (wie eine herrschende Partei) sich anmaßen, dieses Gute zu definieren. Denn Gott allein und damit letztlich eine metaphysische Instanz bzw. die aus sich geltenden Gesetze der Vernunft sind das Maß des Guten.

- Die sino-marxistische Idee vom neuen Menschen klingt zunächst verlockend. Die neuen Menschen sollen mit notwendiger Opferbereitschaft und Pflichtgefühl verantwortlich sein für die Realisierung der großen Vision. Für davon unabhängige individuelle oder soziale Ziele ist dann aber kein weiterer Platz mehr. Staatlich erzwungene Umsiedlungen, Familientrennungen u. a. gehören zu solchen erwarteten Opfern.[94] Die individuelle Entfaltung des Menschen wird beschränkt auf diese parteihörige Pflichterfüllung, in Kongruenz mit den kommunistischen Prinzipien und Zielen. Sinn des Lebens ist es dann, ein funktionierendes Rad in diesem irdisch-ideologischen Getriebe zu sein. Angestrebt wird für diese Menschen die Verinnerlichung der kommunistischen Werte, um so als treue und nützliche Diener der Parteilinie ihre Freiheit in ihrem je eigenen Beitrag zum Ganzen zu erkennen.

---

94   Vgl. Madsen (2019).

Ziel ist damit ein gläserner Mensch, der die Parteidoktrin verinnerlicht hat, diese unkritisch befolgt und mögliche Abweichler denunziert. Der Einsatz von KI perfektioniert zudem die dazu notwendigen Kontrollsysteme und macht möglicherweise den für oppositionelle Ideen anfälligen Menschen als Untertanen irgendwann überflüssig. Damit hat die Partei wirkungsvollere Gleichschaltungs- und Kontrollinstrumente zur Hand als noch Gestapo oder Stasi. Die von der KPCh kontrollierte Erziehung macht das Individuum zu einem Objekt kollektivistisch autoritärer Indoktrination und relativiert seine Würde. Diese wird von der Partei definiert und ist also verlierbar.

Das Bild vom neuen Menschen, das sich in anderem Gewande auch bei manch anderen Totalitarismen fand, ersetzt die sozial-moralische Orientierung an Jesus Christus als dem Menschen, der für Christen das Göttliche und damit das human Gute vorgelebt hat. Es widerspricht auch der deontologischen Pflicht des Menschen, sich autonom die Vernunftprinzipien habituell zu Eigen zu machen und danach zu leben. Dieser Sinn- und Freiheitsbegriff widerspricht also der Idee der individuellen Verantwortung jedes Menschen vor Gott und/oder der Vernunft.

- Das von der KPCh ausgegebene Ziel gesellschaftlicher Harmonie steht offenbar in engem Zusammenhang mit der Guanxi-Kultur und einer selektiven, endogenisierten Adoption konfuzianischer Tugend- und Gesellschaftslehre. Es wird als ein wesentlicher Vorzug des Zusammenhalts in dieser chinesischen Sozialordnung gegenüber freiheitlichen Gesellschaften angepriesen. In der Sozialen Marktwirtschaft gehört die Irenik zum Stilgedanken, mit dem eine affektive Affinität von Starken und Schwachen in der Gesellschaft letztlich aus der christlichen Idee menschlicher Zusammengehörigkeit unterschiedlicher Individuen abgeleitet wird.

Sino-marxistische Harmonie und soziale Irenik sind somit beide kulturelle Gegenkonzepte zu einer anonymen Konkurrenzgesellschaft, die allein über Pflichten zu sozialer Verantwortung gezwungen werden kann.

* Es besteht allerdings ein gravierender Unterschied zwischen Harmonie und Irenik: Das Ziel der Irenik, welches mit jeder Art von sozialer Exklusivität und Kampfideologie unvereinbar ist, ist Wesensmerkmal Sozialer Marktwirtschaft als sozialem Stilgedanken. Der Stilgedanke bedeutet den alle Kulturbereiche prägenden Einfluss Sozialer Marktwirtschaft, die deshalb viel mehr ist als nur eine Wirtschaftsordnung. Soziale Irenik hebt mit ihren Ansprüchen an soziale Tugenden den Markt in seinen Funktionen nicht auf, sondern rahmt ihn entsprechend des sinngebenden Wirtschaftsziels der Menschendienlichkeit. Der Harmoniebegriff wird dagegen von sino-marxistischer Seite ausdrücklich abgrenzend in Front gebracht gegen eine solche freiheitliche Gesellschaftskonzeption, die das Personalitätsprinzip zugrunde legt. Für Chengyang Li etwa liegt der besondere Vorzug des neu-konfuzianischen Harmoniegedankens (in kommunistischem Gewand) vor allem darin, dass unter Berücksichtigung der Guanxi-Kultur starker sozialer Zusammenhalt nicht durch Zwang und Gesetze, sondern durch die Entfaltung von sozialen Gemeinschaftstugenden (mit dem Prinzip des *li* als rituelle Tradition und mit dem Prinzip des *ren* als menschliche Herzlichkeit) entsteht, lebt und blüht.[95] Dieser harmonische Gemeinschaftssinn sei mehr als ein erzwungenes Miteinander. Das ist nun aber einerseits zweifellos kein Mehrwert gegenüber der irenischen Idee Sozialer Marktwirtschaft. Andererseits wird sino-marxistisch die Personalitätsidee kollektivistisch ausgehöhlt: In der christlich-freiheitlichen Sozialtradition etwa vertritt ein individuell fokus-

---

95   Vgl. Li (2018: S. 3–18).

sierter Personalismus (Anton Rauscher u. a.) die Auffassung, dass die Entfaltung der menschlichen Sozialnatur (als Instrument) dem Ziel eines entfalteten individuellen Personseins dient. Daneben vertritt ein Sozialpersonalismus (Arthur Fridolin Utz u. a.) die Auffassung, dass die Entfaltung der menschlichen Individualnatur (als Instrument) dem Ziel des entfalteten sozialen Personseins dient. Beide Positionen haben mit je unterschiedlichen Akzenten die Entfaltung des Individuums in seiner menschlichen Personalität als gesellschaftliches Ziel, gepaart mit der Forderung nach Entfaltung entsprechender Tugenden. Ebenso tun dies säkulare freiheitliche Positionen.

Der chinesische Harmoniegedanke in der Lesart von Xi gibt das Ziel der Personalität grundsätzlich auf: »In diesem Sinne verstehen Bürger derselben Gemeinschaft ... ihre Identität als durch die Gemeinschaft konstituiert, der sie angehören.«[96]

* Das Selbstsein ist sino-marxistisch denkbar ohne Individualität, weil das Selbst aus einer von der Parteiideologie vorgegebenen Sozialität abgeleitet wird. Die Person wird in diesem Kulturverständnis der Gesellschaft untergeordnet.

* Mangelnde Wahrhaftigkeit ist ein bedeutendes tugendethisches Problem, das Xi auf die Füße fallen könnte, wenn diese noch stärker als bisher aufgedeckt und öffentlich diskutiert wird. Die vielen widersprüchlichen Narrative und die verfälschenden Verzerrungen etwa im Hinblick auf die chinesische Geschichte wurden bereits erwähnt. Die Strategie der Unwahrheit ist offensichtlich in der chinesischen Parteikultur unter Xi verbreitet.[97] Sie dient dazu, die westlichen und auch andere Partner in Sicherheit zu wiegen, um im Hintergrund die eigene hegemoniale Agenda

---

96 Ebd.: S. 7.
97 Vgl. Theveßen (2022: S. 80f.).

konsequent voranzubringen. Dazu sei hier noch einmal an einige besonders markante Beispiele erinnert: Es wurden die Verträge um den Status von Hongkong gebrochen. Gegen die Vereinbarungen zur Entmilitarisierung indopazifischer Inseln hat China philippinische Inseln annektiert und zu Militärbasen ausgebaut. Es wird behauptet, keine Hegemonie anzustreben und bilaterale Verträge auf Augenhöhe zu schließen. Bewusst werden westliche Begrifflichkeiten nominalistisch übernommen, um damit aber konträre Inhalte zu transportieren. Die wahren Gründe zum Ausbruch der Corona-Pandemie werden bis heute aggressiv vertuscht. Den Partnern der sog. Seidenstraße werden Vorteile versprochen, die in wirtschaftlicher und politischer Abhängigkeit münden. Alles das dient strategisch dazu, die freiheitliche Welt zu schwächen und sich eigene Vasallen zu rekrutieren. Wir haben es hier mit einer Kultur der fortlaufenden Täuschung zu tun, die strategisch bewusst in Kauf genommen wird. In der Finanz- und Währungskrise kaufte China griechische Staatsanleihen und trat als generöser Helfer auf. In Wirklichkeit wurde damit aber nicht nur eine wirtschaftliche Abhängigkeit Griechenlands ausgebaut, sondern auch ein Währungskrieg begonnen.[98] Denn nunmehr konnte China mit einigem Erfolg gegenüber der Europäischen Zentralbank politischen Druck ausüben. Zinserhöhungen im Euroraum, die schon länger dringend geboten waren, wurden viel zu lange hinausgezögert. Vielleicht auch auf Druck aus Peking. Denn dort bestand kein Interesse an steigenden Zinsen und auch nicht an einem stabilen Euro. Destabilisierung und Abhängigkeiten sind ja gerade die wirksamen sino-marxistischen Instrumente des gesäten Misstrauens. Auch wird gezielt Zwietracht in die westlichen Bündnisse hineingetragen. Bestehende Freundschaften und Partnerschaften ohne China im Boot werden gezielt zersetzt. Wird eine solche Führung wie die von Xi

---

98   Vgl. Theveßen (2022: S. 32).

Jinping also international Verantwortung übernehmen für mögliche eigene Fehler? Wohl kaum. Mit einem solchen unzuverlässigen Partner kann kein Vertrauen aufgebaut werden. Man muss damit rechnen, dass Bündnisse nur so lange gelten, wie sie Xi und seiner Doktrin nützlich sind.

> Eine Kultur von Unwahrheit und Misstrauen ist die Folge. Dies widerspricht nicht nur christlicher und deontologischer, sondern auch jedweder freiheitlichen Ethik.

• Freiheitliche Sozialphilosophie fordert zudem ausdrücklich eine Gewaltenteilung mit freier Justiz, die Möglichkeit des Machtwechsels statt Parteidiktatur, freie Meinung, Wissenschaft, Religion und Presse und nicht zuletzt Toleranz und Achtung von Opposition und Minderheiten. Nichts davon findet sich im Sino-Marxismus unter Xi Jinping.

Optimierter Mensch

Kommen wir nun zu dem zweiten großen Thema in dieser ersten Runde. Trotz aller schon benannten Bedenken und Zurückweisungen der sino-marxistischen Ideologie steht mit der Überlegenheitsthese noch eine verlockende Herausforderung im Raum. Ist das chinesische Gesellschaftsmodell von Xi also freiheitlichen Alternativen vorzuziehen, weil es mit einer optimierten ganzheitlichen Motivierung menschlicher Leistungspotentiale effizient ist? Stimmte das, so hätte es immer noch starke Argumente auf seiner Seite. Und: Wird es mit diesen Energien am Ende im Wettbewerb der Systeme also siegen?

• Ethisch dagegen eingewandt wurde bereits, dass dieses Prinzip des Optimum optimorum der Motivation auch auf destruktive Kräfte des Menschen wie Angst und Trotz setzt, möglicherweise auch auf Hass. Es zählt also in einer solchen Logik allein der Output, nicht aber die Wertehaftigkeit der Leistungspotentiale. Ein solches Menschenbild widerspricht fundamental dem freiheitlichen und ist deshalb aus dieser Sicht abzulehnen.

- Julian Nida-Rümelin hat ausdrücklich eine solche Ethik zurückgewiesen mit dem Hinweis, sie zerstöre die Autonomie des Menschen. Geht es einem Menschen tatsächlich nur darum, aus sich den größten Output herauszuholen, so ist er 1.) entweder ein Homo oeconomicus, der sich daran selbst bereichern will. Dann ist sein Blick bei dieser Priorität verstellt für moralische Vorgaben wie etwa kategorische Imperative, die im Zweifel ein anderes Handeln einfordern. Und diese selbst auferlegte Denkblockade widerspricht dem moralischen Anspruch der Autonomie. Oder 2.) der Mensch ist ein Sklave, der sich von anderen wie eine Zitrone auspressen lässt. Auch dann ist ihm der Weg zur Autonomie verstellt. Nun aber nicht aus selbst gewähltem egoistischen Eigennutz, sondern durch Fremdbestimmung wie etwa die Vorgaben der herrschenden Partei. Das Empfinden, eine solche Marionette zu sein, solle nun gerade bei den neuen chinesischen Menschen nicht vorhanden sein, so hofft es Xi. Durch entsprechende Umerziehung sollen sie diese optimierte Leistung als den Ausdruck selbst gewählter Freiheit empfinden. Doch so verstandene sinomarxistische Freiheit steht im Widerspruch zu dem, was Nida-Rümelin mit Autonomie meint. Denn diese Autonomie bedeutet die selbstgewählte Orientierung des eigenen Wollens an einem in den Vernunftgesetzen vorgegebenen Sollen. Und dessen Inhalte befinden sich gerade jenseits einer parteiideologischen Konstruktion. Auch eine christlich gebotene Orientierung am Guten, das hier von Gott vorgegeben ist, kommt am Ende zu einer ebenso klaren ethischen Ablehnung des chinesischen Optimierungsmechanismus.

- Es bleibt zum Schluss die Frage, ob trotz dieser ethischen Einwände eine solche Optimierungsstrategie mit den neuen chinesischen Menschen greifen wird und so ein entsprechender Motivationsvorsprung erzielt wird, der im Wettbewerb der Werte am Ende dem sino-marxistischen Weg Xis zum Sieg verhilft. Dies setzt zunächst voraus, dass die Umerziehung den Wünschen von Xi entsprechend gelingt, und dass durch die ganzheitliche Identifikation die Leistungspotentiale so optimiert freigesetzt werden. Bleibt aber in vielen Menschen bei aller perfektionierter Umerziehung noch eine Sehnsucht nach Autonomie bzw. ein Gefühl für die Unterscheidung von konstruktiver und destruktiver Motivation, so dürfte diese Rechnung nicht aufgehen. Die Sorge vor einem solchen Defekt könnte Xi dazu verleiten, die Menschen schließlich durch willfährige Humanoide zu ersetzen, die über eine parteitreue KI gesteuert sind. Und spätestens dann ist ein nächstes Kapitel im Wettbewerb der Werte aufgeschlagen ...

Zusammenschau

Es können nun abschließend die Wesenszüge des sino-marxistischen Regierungsethos im Spiegel der hier gewählten freiheitlichen Perspektiven übersichtlich als das Ergebnis der ersten Runde des Wettbewerbs der Werte zusammengestellt werden (▶ Dar. 17).

Diese Analyse mag scharf wirken. Ja, das stimmt. Aber es soll hier Tacheles geredet werden. Denn nur so kann dieses Buch ein Weckruf zu sein: besonders für jene, die immer noch träumen von ehrlichen Partnerschaften auf Augenhöhe mit dem China von Xi Jinping. Wer aber will schon sehenden Auges mit einem Meister der Täuschung Verträge machen und Bündnisse schließen? Allenfalls doch solche autoritären Systeme, die ähnlich denken und agieren wie er selbst und seine Genossen. Hier gilt es also, nun deutlich die Geister zu scheiden und sich klar zu entscheiden, auf welcher Seite wir stehen wollen: als Menschen, als Deutschland, als (noch) freie Welt. Die Herausforderung dieses Wettbewerbs der Werte jetzt anzunehmen, ist ein gebotenes Zeichen unserer Zeit. Ein solcher Habitus von Acht-

Dar. 17: Wettbewerb der Werte

	Sino-marxistisches Regierungsethos	Freiheitlich-sozialethische Kritik
Mensch und Würde	Bedingte Würde, sozialisierte Menschenrechte	Unbedingte Würde, individuelle Menschenrechte
Verantwortung	Führer, Partei, Vision als Maß und Grund des Guten	Transzendenz oder Sittengesetz als Maß und Grund des Guten
Gesellschaftsbild	Harmonie patriotischer Kampfideologie gegen Opposition und Minderheiten	Irenik inklusiver, affektiver Vielfalt/Schutz von Minderheiten und Opposition
Sozialprinzipien	Apersonale Kampfprinzipien	Personalität, Solidarität, Subsidiarität
Dynamische Tradition	Konservative Ideologie mit (bedingter) Offenheit für Neues	Tradition westlich-demokratischer Werte für die Zukunft
Tugend	Durch die Partei harmonisierte gesellschaftliche Ziele und Menschen verlangen Opfer/Einsatz von Unwahrheit und Misstrauen	Streitkultur pluraler Meinungen verlangt Kompromiss./Es braucht einen Tugendkompass der Wahrhaftigkeit und des Vertrauens.
Effizienz	Optimum Optimorum der Leistungspotentiale neuer chinesischer Menschen	Ausschluss destruktiver Potentiale/Autonomie verlangt Orientierung zuerst an vorgegebenen Werten.

samkeit ist zugleich Voraussetzung für eine wirksame Strategie der Freiheit gegen eine Kultur des Käfigs. Wir stehen also, um nochmals an Adenauer zu erinnern, vor der Wahl ...

Stehen wir in einem solchen Wettbewerb nun auf der Seite der Freiheit, dann braucht es konkrete strategische Antworten einerseits und klare grundsätzliche Bekenntnisse andererseits.

1. Folgende wichtige Strategiefragen stehen dazu neben anderen noch auf dem Plan:
   - Wie stellen wir uns zu Taiwan?
   - Wie stellen wir uns zu Menschenrechtsverletzungen, zu Minderheiten und der Opposition in China?
   - Wie ist der Zersetzung westlicher Bündnisse entgegenzutreten?
   - Wie können die wirtschaftlichen u. a. Abhängigkeiten von China zurückgefahren werden?
   - Wie ist der internationalen militärisch-politischen Einschüchterung zu begegnen?
   - Wie kann Spitzentechnologie u. a. Spitzenwissenschaft in der freiheitlichen Welt erhalten werden?
   - Wie ist einer globalen sino-marxistischen Umgestaltung von UN, internationalem Recht u. a. wirksam zu begegnen?
   - Wie treten wir den leeren und verfälschenden Narrativen entgegen?
   - Gibt es ein Gegenmodell zum neuen chinesischen Menschen und seiner durch KI perfektionierten humanoiden Kopie, die möglicherweise Menschen ersetzt?

2. Und für die Antworten dazu braucht es ein sehr grundsätzliches Bekenntnis als Fundament. Dahinter steht die Frage: Welche wirksamen Resilienzpotentiale der Freiheit können gegen die faktischen hegemonialen Bestrebungen des Sino-Marxismus unter Xi bewahrt und gestärkt werden? Gerade diese Frage legt den Finger in eine große Wunde aller freiheitlichen Kritik. Denn in der Übersicht (▸ Dar. 17) ist die Position der Freiheit sicher zu idealtypisch formuliert. Das ist deshalb zwar an dieser Stelle legitim, weil es in jener ersten Runde des Wettbewerbs der Werte zunächst um eine Grundlagenkritik an dem sino-marxistischen Regierungsethos geht. Damit ist aber noch nicht ausgesagt, dass die idealtypische Werteordnung der Freiheit so auch schon umgesetzt ist. Vertreter der freiheitlichen Position müssen deshalb selbst genau dieser Frage nachgehen, in welchem Verhältnis

sich ihre eigene Vision zur Realität verhält. Das ist ein Gebot der Glaubwürdigkeit auch im Wettbewerb der Werte. Dafür müssen sie sich aber erst einmal ihrer eigenen Vision vergewissern. Und genau diese Aufgabe ist eine weitere, noch ausstehende Runde des Wettbewerbs.

Fragen nach einer konkreten Strategie Deutschlands und auch anderer freiheitlicher Länder sowie die Konturen einer sie verbindenden freiheitlichen Vision und ihrer Umsetzung sind also die Inhalte für die sich nun anschließenden beiden Runden des Wettbewerbs der Werte.

15
Zweite Runde: Strategie und konkrete Antworten

Die Zeit der naiven Gutgläubigkeit ist auch in Deutschland inzwischen weitgehend vorbei. Ausnahmen davon bilden hierbei allenfalls noch sog. Experten in Wissenschaft und Wirtschaft, die sich – verdeckt oder ganz offen – von Peking bezahlen oder fördern lassen. Oder auch auf der politischen Seite entsprechende Profiteure in dieser oder jener Partei. Oder aber Personen, die aus eigener ideologischer Nostalgie in China noch eine Bastion des von ihnen erträumten Kommunismus sehen. Doch auch das politisch linke Lager ist hier gespalten. Neosozialistische Wissenschaftler etwa wie Tobias ten Brink wenden sich von diesem China ausdrücklich ab.[99] Es habe den Virus des Kapitalismus eingelassen, der den sozialistischen Kern zersetze. Auch die Diktatur Xis wird aus dieser Ecke kritisiert und stattdessen ein korporativer demokratischer Sozialismus eingefordert. Doch eins bleibt klar: An das einst gepriesene Prinzip »Wandel durch Handel« glaubt hierzulande wohl kaum noch ein Demokrat ernsthaft, sei er nun rechts oder links, liberal oder konservativ. Es muss also nun die allzu lange geltende Maxime einer strategischen Partnerschaft kritisch auf die Probe gestellt werden, auch wenn Reste von ihr wohl noch übriggeblieben sind. Nur so lassen sich auch die inzwischen neuen Strategievorschläge mit ihren Antworten auf die zentralen Fragen verantwortlich bewerten.

---

99   Vgl. ten Brink (2013).

Strategische Partnerschaft 2.0

Die FDP-Fraktion im Deutschen Bundestag erstellte im Frühjahr 2023 ein Positionspapier zur China-Strategie[100], das die etwa von Angela Merkel u. a. lange hochgehaltene Tradition von einer strategischen Partnerschaft noch nicht ganz aufgegeben hat. Auch Vertreter der Wirtschaft und Industrie, wie etwa die Industrie- und Handelskammern (IHK), denken bisweilen in dieser Richtung, sehen aber ebenso den Bedarf einer neuen Justierung. Die IHK Düsseldorf etwa plädiert sogar 2023 noch für eine »nachhaltige Partnerschaft mit China«.[101] Die FDP unterscheidet dagegen zwischen der systemischen Rivalität der freiheitlichen Demokratien mit autoritärer Diktatur einerseits und einem weiterhin angestrebten wirtschaftlichen Wettbewerb auf Augenhöhe andererseits.

Positionen

Auf der Ebene der Rivalität muss es danach im Sinne der FDP das Ziel einer neuen Strategie sein, mutig und sanktionsfrei Völkerrechtsverbrechen der Volksrepublik China anzusprechen. Das Maß solcher Politik sind der Kodex der Menschenrechte und die freiheitliche Demokratie, die offensichtlich von China unter Xi bekämpft werden. Hierzu brauche es eine Politik der Stärke der freiheitlichen Demokratien. Diese sollten sich in einer globalen Allianz der Freiheit zusammenschließen und auch wirtschaftliche Alternativen etwa zur sog. Seidenstraße umsetzen. Diese Länder müssen danach ihre eigenen wirtschaftlichen Stärken ausspielen und sie auch im Sinne einer systemischen Rivalität der Abschreckung (Deterrence) gegenüber China einsetzen. Es brauche zudem eine »Beyond-China-Strategie«, um sich mit Allianzen der Freiheit von China unabhängiger zu ma-

---

100   Vgl. FDP (2023).
101   IHK (2023).

Dar. 18: Erfolg oder Scheitern? Trotz demonstrativer Heiterkeit beim Treffen zwischen Bundeskanzlerin Angela Merkel und dem chinesischen Staatspräsidenten im September 2019 in Peking zeigten sich auf allen Gebieten der bilateralen Zusammenarbeit wachsende strategische Differenzen.

chen. Voraussetzung dafür sei eine geschlossene westliche Politik statt Kirchturmdenken, das von China nur zu eigenen Interessen im Aussäen von Zwietracht ausgenutzt wird. Als konkrete Schritte werden vorgeschlagen, nämlich eine internationale Neueinstufung Chinas nicht mehr als Entwicklungsland und auch nicht als Marktwirtschaft, ebenso eine kritische Prüfung und den Rückbau der Zusammenarbeit mit den sog. Konfuzius-Instituten. Denn diese haben sich offenbar bisweilen im Bereich der ideologischen Überwachung und der Übermittlung von sensiblem Wissen in die Volksrepublik als verlängerter Arm der KPCh verstanden.

Trotz des in manchen Bereichen enttäuschten Vertrauens und der zunehmenden internationalen wie nationalen Repression und Zersetzungspolitik durch Xi Jinping und die KPCh gegenüber anderen Ländern oder Unternehmen werden Restbestände des insgesamt gescheiterten Prinzips vom »Wandel durch Handel« noch hochgehalten. Es besteht immer noch eine Hoffnung darauf, dass wirtschaftliche Beziehungen auf Augenhöhe und zu gegenseitigem Vorteil möglich sind. Vor allem den Unternehmen wird noch die Verantwortung am Bau einer solchen Kultur zugetraut. Wir müssten zudem wissenschaftlich in den neuen Technologien stark werden und dazu unsere Potentiale auch an den eigenen und internationalen Universitäten optimal nutzen und fördern. Es gelte aus Sicht der FDP, insgesamt aber die zu blauäugigen Erwartungen der Vergangenheit als Fehler zu erkennen und aus ihnen zu lernen.

Das Ziel der strategischen Partnerschaft wird aber nicht von allen vollends über Bord geworfen. Die IHK Düsseldorf etwa setzt noch auf »gute Beziehungen mit China« und die Reziprozität der wirtschaftlichen Beziehungen. Sie hofft sogar noch auf »effektive Schritte Chinas für gleiche Wettbewerbsbedingungen für in- und ausländische Unternehmen«.[102] Auch die FDP setzt noch auf das Prinzip Hoffnung. Sie wünscht sich nach wie vor einen intensivierten Studentenaustausch. Chinesische Studenten sollen bei uns mit unseren freiheitlichen Werten noch intensiver vertraut gemacht werden und diese in ihre Heimat mitnehmen. Da schwingt noch etwas vom Geist der verblichenen Euphorie mit.

Insgesamt brauche es als Leitlinie für eine neue Strategie eine gute Mischung aus Rivalität und Wettbewerb. Dazu gehöre bei uns eine intensivere China-Forschung, um das Land und die Absichten seiner Regierung noch besser zu verstehen.

---

102   IHK (2023).

Kritik

Nun zu einer Bewertung:

- Das politische Ziel, offen Menschenrechtsverletzungen ansprechen zu können, ist einer freiheitlichen Demokratie angemessen. Die Betonung der freiheitlichen Werte ist hierzu sicher grundlegend richtig. Allerdings fehlt in dieser Perspektive noch eine nähere inhaltliche Begründung für ein solches westlich-freiheitliches Wertebewusstsein. Bloße Hinweise auf von uns wahrgenommene Verletzungen von Würde oder Freiheit bewirken wenig. Es braucht vielmehr ein semantisch gehaltvolles liberales Gegenkonzept zu dem Menschen- und Gesellschaftsbild, wie es China der Welt aufdrücken will. Ein bloßes Insistieren auf westlichen Werten oder Selbstverständlichkeiten reicht nicht aus. Denn diese vermeintliche inhaltliche Evidenz der Werte gibt es so nicht.

- Der verwendete Begriff »systemische Rivalität« ist irreführend. Er suggeriert eine Anwendung des systemischen Ansatzes des Soziologen Niklas Luhmann. Gemeint ist aber wohl die Rivalität der Systeme. Dann soll man es aber auch so nennen. Und diese Rivalen dann auch klar einander gegenüberstellen. Luhmanns Theorie systemischer Kybernetik ist dagegen auch bei der KPCh in die marxistische Ideologie der Wissenschaftlichkeit eingeflossen. Gerade deshalb sollte also hier begrifflich sauber differenziert werden, um nicht Gegensätzliches zu vermischen.

- Es werden gute und klare Vorschläge unterbreitet, was die internationale Einordnung Chinas betrifft (Entwicklungsland, Marktwirtschaft).

- Die Notwendigkeit einer westlich-freiheitlichen Einigkeit ist unumschränkt zu begrüßen. Es ist aber hierbei zu berücksichtigen, dass eine solche globale Allianz der Liberalen nicht so einfach zu schmieden ist. Schließlich haben sich auch schon zahlreiche westliche Demokratien und Unternehmen in Abhängigkeit von

China gebracht. Diese müssten zunächst auch mit realistischen wirtschaftlichen Perspektiven aus dem Würgegriff befreit werden. Dazu braucht es entsprechende Strategien.

- Das Vertrauen auf eigene westliche Stärken in Wissenschaft und Technologie ist richtig. Hierzu müsste aber zunächst eine schrittweise Zurückdrängung sino-marxistischer Infiltration in entsprechenden Instituten und Unternehmen stattfinden, um wirtschaftliche u. a. Spionage oder den Technologieraub durch die KPCh-patriotischen Personen zu verhindern. Im Bereich der Wissenschaft sollte der von der FDP immer wieder betone Wertefokus als eine zusätzliche Chance gesehen werden. Technologische u. a. Wissenschaft mit freiheitlich-ethischer Expertise zu flankieren, das wäre hierbei ein neues Profil mit großen Chancen am Markt. Das wäre zu begrüßen.
- Das gleiche gilt für die Idee zum Ausbau der China-Kompetenz. Wir stehen dabei nicht beim Nullpunkt. Und deshalb muss und kann schon jetzt sehr konkret gehandelt werden. Es ist hierbei unbedingt zu berücksichtigen, dass ein solcher Thinktank keinesfalls von den langen Armen Xis an unseren Universitäten infiltriert werden darf. Es braucht eine unabhängige China-Expertise, frei von solchen abhängigen Ideologen. Sonst können wir uns das gleich schenken. In St. Augustin bei Bonn unterhalten die Steyler Missionare ein China-Zentrum und eine weltweit führende China-Bibliothek, die ein Ausgangspunkt solcher Expertise sein könnte.
- Das schöne Reden von »guten Beziehungen mit China« folgt noch der alten Logik, die einen sofort kuschen lässt, sobald die KPCh sich irgendwie beleidigt fühlen könnte. Hier braucht es von unserer Seite neue Narrative jenseits solcher Einschüchterung. Die Hoffnung darauf, dass es China um Reziprozität gehen könnte, ist hinreichend enttäuscht worden, so dass man darauf jedenfalls unter der aktuellen Regierung Xi wohl besser verzichtet.

- Chinesische Studenten, die in den Westen kommen, sind sehr oft gezielt ausgewählte Kader. Sie zählen dann zu den neuen patriotischen Menschen, die ganz auf Parteilinie sind und hier ihren Beitrag für die Erfüllung der Vision zu leisten haben. Darauf zu setzen, diese mit freiheitlichen Werten anzusprechen, erscheint doch wohl wenig erfolgversprechend. Vielmehr sollten wir sehr behutsam prüfen, welche Studenten hier zu uns kommen, damit diese nicht umgekehrt unsere Universitäten u. a. infiltrieren mit ihrer Ideologie und ihrem Weltbild, auch im Sinne der großen Zersetzungsstrategie. Hier muss eine Haltung der Naivität auch noch konsequenter abgelegt werden, ohne aber die Türen für einen in Zukunft wieder denkbaren ehrlichen Austausch auf Augenhöhe zu verschließen.

De-Risking

Auch die deutsche Bundesregierung (SPD, Grüne und FDP) und die CDU/CSU-Fraktion im Deutschen Bundestag haben 2023 programmatische Konzepte vorgelegt, wie sie eine neue China-Politik verstehen wollen. Sie tun das unter dem Motto des De-Risking.[103] Da die FDP zu dieser Zeit selbst Teil der Bundesregierung ist, hat sie sich hier offenbar neben der eigenen Strategie an dem entsprechenden Kompromiss zu dem gemeinsamen Regierungspapier durchgerungen. In der Analyse der Herausforderungen und auch bei den Antworten darauf finden sich zwischen Regierung und CDU/CSU viele Parallelen und Übereinstimmungen. Deshalb können sie hier gemeinsam unter der Überschrift des De-Risking vorgestellt werden, welches beide Seiten zum Ziel haben. Das Strategiepapier der CDU/

---

103   Vgl. Auswärtiges Amt (2023) sowie CDU/CSU-Fraktion im Deutschen Bundestag u. a. (2023).

CSU-Fraktion schlägt hierbei in einzelnen Analysen und Bewertungen im Vergleich deutlich schärfere Töne an, was wohl sicher auch der Rolle der Opposition geschuldet ist.

Positionen

Was die Verfasser dieser politischen Strategiepapiere wohl sehr deutlich und offenbar gemeinsam sehen, ist der zunehmend hegemoniale Anspruch der Regierung Chinas, als globale Führungsmacht die Weltordnung nach seinen Vorstellungen von Werten, Demokratie und Recht umzugestalten. Folgende Einsichten aus den Statements können hier zusammengestellt werden: Im Wettbewerb der Systeme will China auch global westliche Werte und Ideale, Rechts- und Wirtschaftsordnung unter Führung von kommunistischer Partei und großem Führer ablösen. Mittel dazu ist die Schaffung eines Netzwerks internationaler Abhängigkeiten, sei es wirtschaftlich durch die sog. Neue Seidenstraße, durch die Kontrolle über wichtige globale Infrastruktur (Häfen, Kommunikationsnetze, Universitäten u. a.) oder durch neue Sicherheitsbündnisse, welche die Macht der Vereinten Nationen unterminieren. Drohungen, Einschüchterungen und ausgespielte (politische, wirtschaftliche, militärische) Macht sind probate Mittel, um Angst und Zweitracht unter den systemischen Wettbewerbern zu säen. Und das ist ja ein erklärtes Ziel der KPCh. Propagandistisch offensiv und durch die soft power mit regimetreuen Vasallen werden die westlichen Länder von Chinas Regierung infiltriert. Die sino-marxistischen Narrative werden, das wird in den Strategiepapieren deutlich erkannt, als irreführende Deutungen zum Weltgeschehen verbreitet, so etwa zum Angriff Russlands auf die Ukraine, zu Hongkong oder zu Taiwan oder auch zu den Menschenrechtsverletzungen gegenüber Minderheiten in China. Die Freiheit der Wissenschaft wird, auch darin sind sich Regierung und CDU/CSU einig, durch den langen Arm der KPCh nicht allein in China beschnitten. Solche Parteizensur etwa in der Forschung zu und über China wird auch in westliche Universitäten exportiert, um dort den Boden für die neue Weltordnung vorzubereiten. Zugleich wird in China die wirtschaftliche, politische und militärische Autarkie angestrebt, um die mögliche Einflussnahme von außen zu minimieren. Auch diese Einschätzung findet sich in beiden Papieren weitgehend parallel.

Die darin erkannten Wirkungen sind vor allem die Gefahren einer globalen Werteverschiebung zuungunsten westlicher Werte, eigene vor allem wirtschaftliche Abhängigkeiten Deutschlands und anderer freiheitlicher Länder, ein Klima der Verdrängung westlicher Handelspartner auf den internationalen Märkten durch chinesische Konkurrenz, die Einschüchterung und Desinformation sowie die Sorge um eine militärische Eskalation im Südpazifik. Frieden durch Handel, auch dieses Prinzip hat sich als Irrtum erwiesen, so sehen es Regierung und CDU/CSU. China unter Xi Jinping nutze stattdessen jede Gelegenheit, den eigenen Vorteil wider das Reziprozitätsprinzip zu maximieren.

Eine völlige und sofortige Entkoppelung von China wird in beiden Stellungnahmen als die unangemessene Antwort angesehen. An der Ein-China-Politik, die Taiwan nicht als eigenen Staat anerkennt, wird festgehalten. Welche Strategie soll nun aber unter der Überschrift des sog. De-Risking verfolgt werden? Die Souveränität Deutschlands und Europas müsse hierbei ein wichtiges Ziel sein. Hierzu bedürfe es einer abgestimmten Deutschland- und EU-Strategie. Die CDU/CSU-Fraktion mahnt vor allem zur Sicherung der gemeinsamen freiheitlichen Werte. Es brauche von der EU initiierte faire Alternativen zur sog. Seidenstraße, um den Einfluss Chinas in Afrika, Südeuropa und anderswo nachhaltig zurückzudrängen. Europa müsse sich auch als verlässlicherer Partner an der Seite der Schwachen beweisen. Der Handel und Austausch mit Indien und anderen demokratischen Partnern sollte forciert werden. Denn es brauche für Deutschland und für die EU eine Reduzierung eigener wirtschaftlicher Abhängigkeiten von China, so etwa in Bereichen der Infrastruktur oder

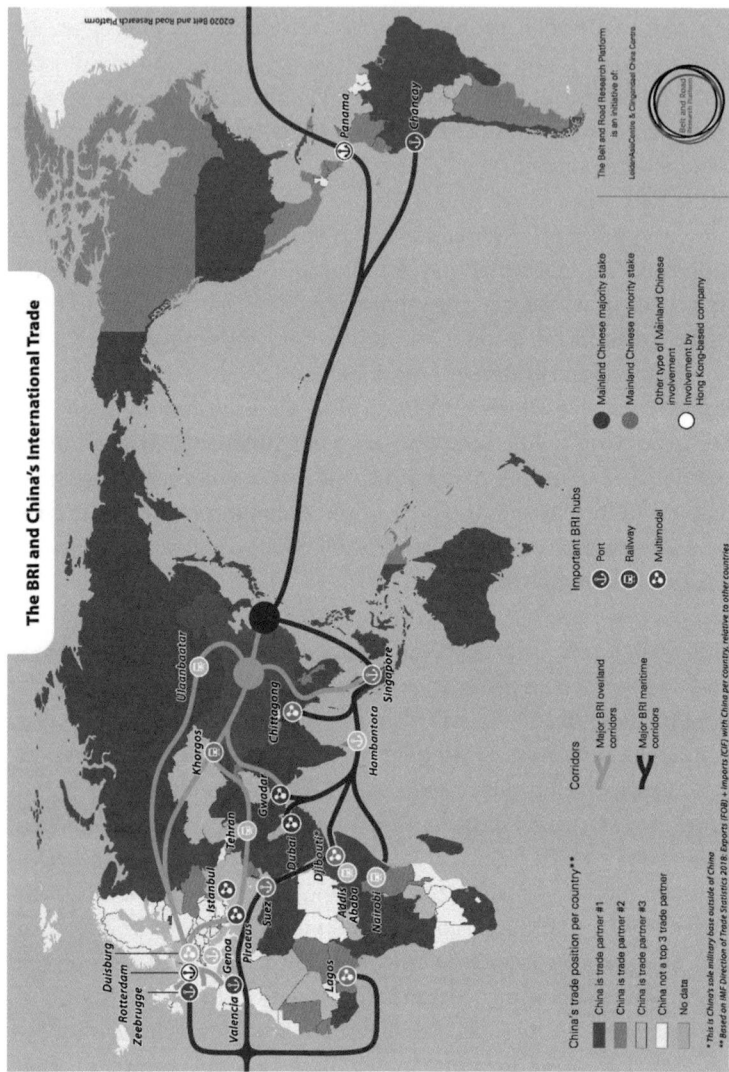

Dar. 19:   Die Belt and Road Initiative (»Neue Seidenstraße«) dient der Schaffung einer globalen Wirtschafts- und Einflusssphäre Chinas – nach anfänglichen Erfolgen ist das ambitionierte Projekt zuletzt ins Stocken geraten.

von Lieferketten. Was vor allem die CDU/CSU-Fraktion betont: Bestehende Netzwerke mit China in sensiblen Bereichen gehören danach auf den kritischen Prüfstand, ebenso manche zwielichtigen wissenschaftlichen Kooperationen. Was schon die FDP erkannte: Die sog. Konfuzius-Institute sind unter dem Deckmantel der Vernetzung nachweislich Orte wissenschaftlicher Einschüchterung an Hochschulen, der Rekrutierung willfähriger Spitzel und der Wissenschaftsspionage. Hier bedarf es auch bei aller Wertschätzung ehrlichen kulturellen Austauschs momentan eines Rückbaus solcher Institute mit dem Ziel einer reduzierten propagandistischen Infiltration. Für eine solche Neuausrichtung wissenschaftlicher Kontakte ist, so betont es vor allem das Regierungspapier, auch eine verstärkte Kooperation mit Minderheiten und solchen Exilchinesen anzustreben, die gerade nicht bloß die global agierenden, verlängerten Arme der Parteidoktrin sind.

Neben solchen Maßnahmen einer wirksamen Risikobeschränkung brauche es zumindest in einzelnen Politikfeldern aber auch jetzt noch eine pragmatische Partnerschaft mit China, etwa zur Lösung des Weltklimaproblems. Denn hier kommen wir ohne China nicht nachhaltig weiter.

Kritik

Nun auch hier eine Bewertung dieser Strategie:

- Das Regierungspapier bleibt im Gesamtduktus und im Vergleich zum CDU/CSU-Papier milder hinsichtlich einer Warnung vor zu engen wirtschaftlichen Verflechtungen. In diesem Bereich der Strategie scheint die FDP federführend Hand angelegt zu haben. Ein sehr großes Gewicht wird von der Regierung auf eine Partnerschaft mit China zur Klimapolitik und zu einer grünen Wirtschaft gelegt. Wer das politisch eingebracht hat, liegt auf der Hand.

- Großes Gewicht wird von der Regierung auf die bilateralen Abkommen mit China gelegt, was Xi natürlich sehr begrüßt, um so die eigene Machtposition auszuspielen und Marktgesetze auszuhebeln. Solche Akzente erscheinen mir vor dem Hintergrund der Xi-Agenda im Ganzen immer noch viel zu blauäugig.

- Die Regierung mahnt immer wieder die Verstöße Chinas gegen Menschenrechte, Rechtstaat und Demokratie an. Damit allein wird man aber wenig erreichen, weil China die Begriffe ja selbst eigenmächtig adoptiert und umdeutet. Das CDU/CSU-Papier beschreibt diese Verletzungen konkreter und fordert mit größerem Nachdruck einen offenen Wettbewerb über die Inhalte solcher Werte. Das scheint mir ein guter Weg zu sein, um den Menschen in unserem Land, aber auch in der Weltgemeinschaft die Augen zu öffnen dafür, worum es hier substantiell wirklich geht.

- Zu fragen ist, wie sich die Beziehungen zu Indien gestalten werden. Die Demokratie in Indien hat inzwischen auch autoritäre Züge angenommen, so dass eine Neuorientierung des Subkontinents, der ja immerhin starker BRICS-Partner Chinas ist, kein Selbstläufer sein dürfte.

- Die Union betont in ihrem Papier zurecht den Prozess einer durch China initiierten inneren Zersetzung der westlichen Demokratien und ihrer Werte als eine große Gefahr.

- Deutlicher als die Regierung stellt die Union auch heraus, dass nach dem Ansinnen von Xi langfristig westliche Handelspartner von den chinesischen und internationalen Märkten verdrängt werden sollen. Das Argument vom guten Handel und daran hängenden Arbeitsplätzen wird hiermit noch viel deutlicher relativiert als im Regierungspapier.

Selbstbewusstsein, eigene Vision und Einigkeit

Nun noch ein Blick auf exemplarisch ausgewählte deutsche Strategieempfehlungen jenseits politischer Raison. Hier kann noch deutlicher Tacheles geredet werden, da politische Rücksichtnahmen nunmehr keine Rolle spielen.

Positionen

Der China-Kenner Elmar Theveßen empfiehlt Deutschland und den Europäern in ihrer China-Strategie eine intensivere Orientierung an der Politik der USA: mehr Selbstbewusstsein, eine eigene Vision und Einigkeit. Diese Programmatik ginge dann über ein bloßes De-Risking weit hinaus. Es brauche nicht nur eine Art reagierende Abwehrstrategie, sondern eine proaktive Strategie, die zuerst auf eigene Stärken setzt. Der Seidenstraße wurde von den USA inzwischen die damit konkurrierende Initiative des »Build Back Better World« (B3W) entgegengesetzt, mit der verloren gegangener Einfluss etwa in Afrika zurückgewonnen werden soll. Ziel ist es hierbei, tatsächlich auf Augenhöhe etwa mit den afrikanischen Partnern Verträge zu schließen, die nicht Ausbeutung und Abhängigkeit bedeuten, sondern im Sinne der Subsidiarität zur Eigenverantwortung befähigen. Mit Vertrauen und Verlässlichkeit soll und muss hier gegenüber dem Wettbewerber China gepunktet werden.[104] Dabei müssten natürlich auch die Wunden und Bürden der Kolonialzeit schonungslos ehrlich und mit dem nötigen Feingefühl mitgedacht werden, um nun auch wirklich ein Vertrauen aufzubauen, das es auch verdient. Die neue China-Strategie Deutschlands und Europas sollte dabei geprägt sein von klaren Ansagen (Tacheles reden). Die Zeit der Beschwichtigung, des Einlullens, der eigenen Zersetzung und der Spaltung der freiheitlichen Welt muss endlich vorbei sein. Solche Naivität, mit der

---

104   Vgl. Theveßen (2022: S. 15).

sich der Westen von Xi viel zu lange auseinanderdividieren ließ, sei nun endgültig vorbei. Das Selbstbewusstsein setze aber nicht mit quasi gleicher Münze darauf, den Wettbewerber China klein zu machen oder ihn zu zersetzen. Vielmehr gelte es, sich im Sinne eines »managed strategic competition« auf die eigenen freiheitlichen Stärken zu besinnen und diese politisch, wirtschaftlich und diplomatisch wirksam einzusetzen.[105] Auch Europa habe danach Stärken, wenn es geeint auftritt, so Theveßen. China strebe Autarkie an, sei aber in seiner wirtschaftlichen Entwicklung noch auf den Handel mit der freiheitlichen Welt angewiesen. Matthias Naß etwa fordert deshalb vom Westen mehr Mut, sich auch in den Fragen der Menschenrechte nicht weiter einschüchtern zu lassen.[106] Es gelte vielmehr, diese Verletzungen mutig anzusprechen und sich nicht diktieren zu lassen, wen man öffentlich einlade (z. B. im Fall des Dalai Lama) und mit wem man rede. Die Vergangenheit habe bewiesen, dass sich nach einigem empörten Säbelrasseln aus Peking sich die Wogen auch schnell wieder glätten.

Für Elmar Theveßen ist das auch politisch im De-Risking eingeforderte Zurückfahren eigener Abhängigkeiten durch diversifizierte Handelsbeziehungen und durch die Stärkung heimischer Produktion (z. B. Pharmaindustrie) zwar ein richtiger Ansatz, aber nur die eine Seite der Medaille. In den USA sehe man inzwischen auch eine andere Seite betont: eine wachsende Begeisterung im Aufbau heimischer Industrie, etwa im Bereich von Hightech und KI. Solche Motivation brauche aber eine einende Vision und einen guten Schuss Selbstbewusstsein. Auch müsse die chinesische Einflussnahme auf sensible Infrastruktur zurückgebaut bzw. konsequent verhindert werden (etwa die Beteiligungen an Häfen, Medienstationen oder Telekommunikation wie Huawei u. a.). Andererseits müssten auch

---

105   Diese Formel stammt von Kevin Rudd, so zitiert bei Naß (2021: S. 296).
106   Vgl. Naß (2021: S. 195, 207).

Dar. 20: Das fröhliche Bild kann nicht darüber hinwegtäuschen, dass sich bereits beim Staatsbesuch von Präsident Trump in China im November 2017 ernste wirtschafts- und geopolitische Differenzen und auf amerikanischer Seite das Fehlen einer konsistenten Strategie im Umgang mit dem aufstrebenden Partner gezeigt haben.

selbstbewusst die eigenen Stärken betont und in die Verhandlungen mit China eingebracht werden. Hierbei sei wohl immer mit der Verschlagenheit des Partners zu rechnen, so dass es für diese Verhandlungsdiplomatie angemessene Strategien brauche. China solle dabei aber nicht dauerhaft geschwächt werden. Denn das mache die Politik dort noch unberechenbarer und somit gefährlicher, gerade auch mit Blick auf mögliche militärische Ambitionen. Eine völlige Entkoppelung sei also nicht die Lösung. Insgesamt ist, so sieht es Theveßen, neben der begeisternden Vision, die in den USA vom amerikanischen Traum beflügelt ist, auch eine abgestimmte, langfristige Gesamtstrategie der freiheitlichen Welt vonnöten.[107] Und

---

107   Vgl. Theveßen (2022: S. 225).

dafür brauche es jetzt in Europa auch Einigkeit. Diese müsse sich auch etwa im Umgang mit Russland zeigen. Die zögerliche Wankelmütigkeit Deutschlands sei hier alles andere als vorbildlich. China schaue schließlich sehr genau auf den Umgang des Westens mit der Ukraine. Zeichen der Schwäche werden von Xi als Einladung zu eigener militärischer Aggression gegenüber Taiwan u. a. gedeutet. Das aber gilt es nun unbedingt zu verhindern.

Kritik

Zur Bewertung:

* Die politischen Analysen von Theveßen sind kenntnisreich, perspektivisch klar und bestens begründet in zahllosen Gesprächen und Analysen zu Chinas Regierung. Anders als die deutsche Regierung oder als manche Bundestagsfraktionen kann Theveßen schließlich deutlicher Tacheles reden.
* Drei Wertefundamente »Vision-Strategie-Einigkeit« werden überzeugend als die zentralen Hausaufgaben für ein wieder selbstbewusster auftretendes Europa und damit auch für Deutschland herausgestellt. Diese Trias könnte eine tragfähige Grundlage für den Mut sein, die bislang verengten Optionsräume der Freiheit wieder zu öffnen und als Resonanzraum der Wahrheit zu füllen, wie es ja auch Naß einfordert. Etwa durch klare Bekenntnisse zu Partnern wie Taiwan oder den Philippinen oder zu den Freiheitsbewegungen in Hongkong oder Tibet. Allerdings schätze ich, anders als Naß, es so ein, dass die freiheitliche Welt dadurch auch empfindliche Reaktionen aus Peking zu erwarten hat. Denn China hat schon jetzt einen gewaltigen Einfluss auf die globale Wirtschaft und Politik und wird dieses Potential auch für die Verfolgung der eigenen Ziele konsequent nutzen. Also müssen wir auch mit Beleidigungen und vielleicht auch wirtschaftlich schmerzlichen Reaktionen und Sanktionen

aus Peking rechnen. Doch das sollte uns, da bin ich wieder bei Naß, nicht von solcher Wahrhaftigkeit abhalten – im Gegenteil.

● Dafür brauchen wir Mut und auch Opferbereitschaft sowie eine erkennbare Richtung. Ethische Grundlage ist für Theveßen dabei die Werteordnung freiheitlicher Demokratie, die er dem neototalitären Modell von Xi und seiner Vasallen entgegenstellt. Was aber genau diese Vision für Europa inhaltlich bedeutet oder sein kann, das bleibt auch hier noch zu vage. Sie aber ist letzten Endes die notwendige Quelle der Begeisterung. Doch Begeisterung wofür? Was könnte und sollte der europäische und damit auch der deutsche Traum sein? Vielleicht eine Rückbesinnung auf die eigene Kultur und deren ethische Fundamente, die ja offenbar von Xis China endgültig zersetzt werden will. Das wäre eine Antwort kultureller Resilienz wider das Ziel, solche Potentiale auszutrocknen.

● Und es bleibt noch diese Frage offen: Wie kann es nun gelingen, dass sich Europa und die USA und andere Länder von China unabhängig machen, ohne dabei China zu schwächen. Wenn die Erfüllung des großen chinesischen Traums durch eine gemäßigte Entkoppelung des Westens in Gefahr geraten sollte, wird China womöglich gefährlich. Das klingt plausibel. Muss aber eine solche Schwächung nicht letztlich in Kauf genommen werden, um die Hegemonialbestrebungen und die damit verbundenen Erpressungen und Zersetzungen zu zerschlagen. Hier tut sich eine Aporie auf, zumindest aber ein Dilemma. Denn natürlich profitieren eine B3W-Strategie oder europäische Varianten davon, dass sich Länder von China wieder abwenden und sich stattdessen der freiheitlichen Welt zuwenden. Auch dies wäre eine Schwächung Chinas. Sie wird womöglich von Xi jetzt noch nicht ernst genug genommen, wenn er tatsächlich meint, China habe sich in der Welt viele Freunde gemacht. Doch Enttäuschungen haben ja inzwischen auch schon zu manchem Misstrauen gegenüber China geführt.[108] Und vielleicht erleben wir gerade schon einen beginnenden Prozess einer internationalen Abwendung von China. Das müsste die freiheitliche Welt einerseits begrüßen. Andererseits könnte durch diese Schwächung Chinas die Gefahr eines angezählten Drachens wachsen. Und was noch schwerer wiegen mag: Mehr Raum für Wahrheit in Freiheit bedeutet zudem zwangsläufig zumindest auch eine relative Zurückdrängung des chinesischen Einflusses. Und damit eine Gefährdung des großen chinesischen Traums. Mir scheint, dass wir diese Gefahr in Kauf nehmen müssen, im Namen der Freiheit. Das sollte unser Kompass sein. Oder gibt es jetzt einen anderen Weg, der uns wieder auf den Weg zur Freiheit führt, ohne Xi zu provozieren? Oder gar einen Weg, der China vom Totalitarismus Xis befreien könnte?

Zusammenschau

Die in diesem Kapitel diskutierten Strategiepapiere und -ideen setzen je eigene Akzente. Doch es besteht bei ihnen auch eine gewisse Einigkeit darüber, was die Notwendigkeit und die Richtung einer neuen China-Strategie angeht. Eine chinesische Regierung unter Xi, die unsere freiheitlichen Werte ausdrücklich mit Füßen tritt, die westliche Länder spalten und schwächen will und die deren innere Zersetzung auch im moralischen Bereich anstrebt, um selbst die Welt unter einer Parteidiktatur der KPCh zu dominieren, kann für uns kein Partner sein. Denn Misstrauen muss immer mit im Raum sein, solange es den Kadern von Xi allein um die Erfüllung ihrer großen Vision geht. Das zugegeben perspektivische Ziel freiheitlicher Menschen und Demokratien muss es deshalb sein, sich die

---

108   Vgl. Naß (2021: S. 287).

Optionsräume zu schaffen bzw. zu erhalten, um Wahrheiten aus-zusprechen im Hinblick auf Totalitarismus, Misstrauen, Falschheit sowie die individuellen Menschenrechte und ihre Verletzungen.[109] In China war dieser Raum in den letzten Jahrzehnten zunehmend enger geworden, vor allem durch die autoritäre Politik von Xi Jin-ping, der sich seit 2012 zunehmend wie Mao als Verkörperung des Volkswillens sieht. In unserem Umgang mit diesem Regime müssen ethische Prinzipien am Ende über kurzfristigen wirtschaftlichen Interessen stehen. Rote Linien müssen wieder offen gezogen wer-den ohne Angst vor dem Säbelrasseln aus Peking. Die freiheitliche Welt muss deshalb ihre Kräfte bündeln, um die globalen Einfluss-sphären des von Xi regierten Chinas zurückzudrängen. Wirtschaft-liche und politische Abhängigkeiten müssen abgebaut und beendet werden. Dies braucht nicht als ein (Handels-)Kampf oder gar Krieg gegen China verstanden werden. Nach dem Vorbild der USA sollte sich auch Europa besser auf die eigenen Stärken besinnen, sie aus-bauen und im Verhältnis zu China auch nutzen. Hierzu braucht es eine Kultur der Einheit gegen die Zersetzungsstrategie. Die freiheit-lichen Länder müssen dazu an einem Strang ziehen und egoistische Länderinteressen hintanstellen. Die Europäer mögen sich wohl Sor-gen machen, dass die USA aus geostrategischen Motiven ihren poli-tischen Schwerpunkt mehr im Südpazifik als in Europa setzen. Und natürlich verfolgen die Vereinigten Staaten zunächst ihre eigenen Interessen. Europa darf sich deshalb aber nicht beleidigt abwenden mit der Sorge, andere Regionen würden nun von den USA bevor-zugt. Und es selbst werde nun abgehängt. Ein freiheitliches Ameri-ka wird Europa nicht fallen lassen. Deutschland und Europa sollten umso mehr den Schulterschluss mit den USA in der China-Strategie suchen, auch wenn die Motive einer solchen momentan anstehen-den strategischen Distanzierung unterschiedlich sein mögen. Eine »Allianz der Demokratien«, wie sie der frühere US-Außenminister

---

109   Vgl. Theveßen (2022: S. 325).

Mike Pompeo forderte, scheint hierbei alternativlos.[110] Wobei hierbei der Demokratiebegriff selbstverständlich freiheitlich geklärt und darauf aufbauend die gemeinsame Vision entworfen werden muss. Zu einer solchen Allianz zählen eine starke und vertrauenswürdige Alternative der EU zur Seidenstraße, die sich entweder dem US-amerikanischen Modell des B3W anschließt oder dieses ergänzt.

Dar. 21: Hegemoniebestreben und strategische Antworten

Hegemoniebestrebungen	Strategische Antworten
Taiwan	Festhalten an Ein-China-Politik, aber intensive wirtschaftliche Beziehungen zu Taiwan
Menschenrechtsverletzungen, Minderheiten, Opposition	Solche Verletzungen sollen offen angesprochen werden/UN brauchen Instrumente der Sanktionierung
Zersetzung westlicher Bündnisse	Einigkeit der freiheitlichen Länder
Internationale wirtschaftliche und andere Abhängigkeiten	Suche nach neuen Handelspartnern/Alternativen zur Seidenstraße
Militärische u. a. Einschüchterungen	?
Spitzentechnologie und Spitzenwissenschaft	Eigene Stärken einsetzen und bündeln
UN-Sinisierung	?
Falsche und leere Narrative	Klärungen: China ist weder Marktwirtschaft noch Entwicklungsland
Sino-marxistische KI-Humanoide	?

---

110   Vgl. Naß (2021: S. 289ff.).

Und so können nun hier aus den vorliegenden Vorschlägen bereits hilfreiche Wegweiser zusammengestellt werden. Es ergeben sich auf der Grundlage von Analyse und Kritik der großen chinesischen Vision von Xi Jinping und dieser ersten Diskussion vorliegender Vorschläge die Eckpfeiler einer tragfähigen Wertestrategie für die Beziehungen Deutschlands und anderer freiheitlicher Länder mit der Volksrepublik. Die folgende Übersicht soll diese nun veranschaulichen. Die Herausforderungen der drei Phasen des chinesischen Hegemonialstrebens (am Ende von Teil III) werden dazu den gemachten Strategievorschlägen gegenübergestellt (▸ Dar. 21).

Große Herausforderungen sind damit benannt. Doch es bleibt auch noch manches offen. Richtig und wichtig ist für eine neue China-Strategie die zentrale Forderung nach einer Einigkeit der freiheitlichen Welt, um so den Zersetzungskräften etwas Wirksames entgegenzusetzen. Die freiheitlichen Länder brauchen dazu selbst eine begeisternde Vision, welche gut begründet ist und eint. Die Identifizierung und Stärkung solcher Resilienzpotentiale ist folgerichtig wohl die drängendste Aufgabe. Daneben stehen aber noch einige angemessene Strategien aus, vor allem etwa hinsichtlich der militärischen Bestrebungen, der sino-marxistischen Umgestaltung von UN und internationalem Recht sowie der Folgen des wachsenden KI-Einsatzes für Menschenbild und Mensch-Technik-Beziehungen u. a. Möglicherweise werden nach Plan der KPCh in Zukunft willfährige Humanoide die für oppositionelle Gedanken anfälligen Menschen ersetzen. Ebenso braucht es noch umfassendere Antworten auf die Taiwan-Frage, die Verbreitung von irreführenden Narrativen und die Einflüsse sino-marxistischer Menschen in westlicher Wissenschaft, Wirtschaft und Politik, die eine freiheitlich verantwortliche Neuausrichtung oder China-Kompetenzbildung erschweren oder irreleiten könnten. Diese Desiderate u. a. erfordern eine Klärung in der nun folgenden dritten und letzten Runde.

16
Dritte Runde: Koalition der Freiheit

Die im vorausliegenden Kapitel diskutierten Strategien mit ihren konkreten Antworten betonen einmütig die Notwendigkeit einer Einigkeit freiheitlicher Länder. Nur so können hinreichende Resilienzpotentiale gegen eine Zersetzung freiheitlicher Kultur, die diesen Namen verdient, aktiviert werden. Eine solche Einigkeit braucht als Fundament eine eigene gemeinsame Wertevision der Freiheit, die dem sino-marxistischen Menschen- und Weltbild überzeugend und glaubwürdig entgegentreten muss und kann. Sie soll in dieser dritten Runde nun entworfen werden, indem die in den ersten beiden Runden gebliebenen Begründungs-, Kohärenz- und Glaubwürdigkeitsfragen angegangen werden sollen.

Eine Vision – vier Schritte

Wie kann nun eine solche Vision bewusst gemacht werden, so dass sie die notwendig einende Wirkung erzielt. Hierzu braucht es

1. eine gute Begründung,
2. überzeugende Werte,
3. stimmige Strategien sowie
4. glaubwürdige Vertreter dieser Vision.

Mit einer bewusst gemachten Begründung zur Wertebasis dieser Vision der Freiheit lässt sich im ersten Schritt eine Begründungskoalition andenken und vorschlagen, die oben in der ersten Runde schon recht ambitioniert als normativer Humanismus postuliert wurde. In einem zweiten Schritt einer Wertekoalition sind die in den ersten beiden Runden noch offen gebliebenen Wertefragen auf der gemeinsamen Begründungsgrundlage stimmig zu beantworten. In einem dritten Schritt müssen die in der zweiten Runde noch nicht gelösten Fragen in einer Strategie-Koalition geklärt werden. Und in einem vierten Schritt richtet sich schließlich der Blick auf die Glaubwürdigkeit freiheitlicher Politik und damit auf diejenigen, die sich diese gemeinsam auf ihre Fahnen schreiben. Und dazu sollten wir gehören.

Mit den vier Schritten kann nun in dieser dritten Runde des Wettbewerbes ein glaubwürdiges Konzept, ausgehend von guten Gründen, inhaltlich bestimmten sozialen Werten und daraus abgeleiteten Strategien als Vision der Freiheit im Angesicht der Realität entworfen werden. Diese Koalition in vier Schritten ist dann das hier vorgeschlagene Maß einer glaubwürdig freiheitlichen Antwort auf die sino-marxistische Vision. Eine solche Vision der Freiheit soll und muss also glaubwürdige Resilienz begründen. Mit ihr lassen sich die bereits fortgeschrittenen Zersetzungsprozesse identifizieren, stoppen und zurückdrängen. Nur so kann eine Position der Freiheit in dem Wettbewerb der Werte als Sieger hervorgehen. Und das sollte schließlich das Ziel unseres Weges in die Zukunft sein. Sie muss also einerseits als ambitionierter Wettbewerber im Ring antreten. Aber das ist nur die eine Seite.

Andererseits ist sie, das wird vor allem im vierten Schritt dieser dritten Runde deutlich, immer auch der sozialethische Spiegel liberaler Glaubwürdigkeit, an dem sich die Politik freiheitlicher Länder messen lassen kann und sollte. Die Fundamente für eine Wertevision der Freiheit wurden schon oben in der ersten Runde des Wettbewerbs idealtypisch benannt. Es muss aber relativierend immer auch berücksichtigt werden, dass die Realität und eine idealtypische Vision der Freiheit meist nicht kongruent sind. Das gilt aber auch für jede andere konkrete Gesellschaftsordnung oder -ideologie. Es muss in der Koalition der Freiheit gelingen, diesen Defiziten zum Trotz eine belastbare Glaubwürdigkeit einer solchen Vision zu festigen und dafür Menschen und Länder zu begeistern.

Es geht also in dieser dritten Runde des Wettbewerbs um nicht weniger als um die Frage einer tragfähigen und glaubwürdigen und dadurch wirksam resilienten Vision der Freiheit, die der sino-marxistischen Herausforderung die Stirn bieten kann.

Erster Schritt: Begründungskoalition

Die Vision der Freiheit, von der hier in diesem Wettbewerb die Rede ist, beruht auf einer ambitioniert angestrebten Koalition des normativen Humanismus, der säkulare und religiöse Begründungen und Positionen eint. Vor allem deontologische und christliche Wertebegründungen wurden hierfür in der ersten Runde zurate gezogen.

Der kulturelle Zersetzungsprozess in den freiheitlichen Ländern betrifft in hohem Maße den Wirkungsgrad christlicher Ethik. Erosionsartig schwindet der Einfluss der Kirchen und theologischer Begründungen von Werten, Ethik und damit auch sozialer Ordnung, wie sie aber noch von den Gründervätern Sozialer Marktwirtschaft selbstverständlich vorausgesetzt wurden. Als eine Lösung aus diesem Dilemma wird etwa im deutschsprachigen Raum theologischer Ethik ein methodologischer Atheismus vertreten. Eine von der Transzendenz losgelöste christliche Sozialethik, die nicht mehr von Gott sprechen will, soll dann zumindest ihren kultur-christlichen Einfluss auf die Gesellschaftsordnung und deren Begründung behalten. Doch damit beraubt sie sich ihrer eigenen Begründung und macht sich im Wettbewerb der Sozialethiken letzten Endes überflüssig. Ihre Resilienzpotentiale entfaltet sie gerade erst aus ihrer Verwurzelung in der Transzendenz. Wer konsequent an Gott als das letzte Maß des Guten glaubt, der wird keinem Diktator hinterherlaufen. Wer seinen Lebenssinn ableitet aus der Vorstellung, einmal Rechenschaft für sein Leben vor einem Gott abzulegen, der wird sich nicht parteiideologisch umerziehen lassen. Und er wird eine Kultur der Unwahrheit ablehnen und brandmarken. Wer die Vorstellung der Gottesebenbildlichkeit und der Menschwerdung Gottes ernst nimmt, der wird die unantastbare Würde sowie individuelle Menschenrechte nicht in Frage stellen. Der wird auch die mögliche Substituierung von Menschen durch KI als Dystopie verurteilen. Wer daran glaubt, dass alle Menschen Gottes Ebenbild sind, der wird eine Kampfideologie ablehnen und stattdessen auf eine plurale Kultur der Wertschätzung setzen. Der wird kritische Menschen nicht als Parasiten oder Abschaum betiteln. Wer Jesu Gebot der Nächstenliebe ernst nimmt, der wird eine Optimierungsideologie verwerfen und den Wert eines Menschen nicht an seinem Leistungsoutput messen. Und an die Vorstellung eines Himmels auf Erden, wie ihn der marxistische Traum vorgibt, glauben Christen schon mal gar nicht. Denn für sie ist das Paradies allein bei Gott, und nicht von Menschen auf Erden machbar. All diese Konsequenzen sind starke Resilienzpotentiale, die der sino-marxistischen Vision mit guten Gründen entgegentreten. Für eine Begründungskoalition der Freiheit ist deshalb eine christliche Theologie sehr willkommen, die aus ihren Axiomen der Transzendenz ihre Werte und Resilienzpotentiale gut begründen kann. Willkommen sind hier durchaus auch andere religiöse Ethiken, die zu ähnlichen Ergebnissen kommen, wie etwa ein humanistisches Judentum, ein humanistischer Islam.[111]

Die Zersetzung einer Kultur der Freiheit macht etwa hierzulande inzwischen auch vor großen Vordenkern deontologischer Ethik wie

---

111   Vgl. Nass (2022: S. 83–101).

etwa vor Immanuel Kant nicht halt. Seine gute Begründung unantastbarer Würde, der von Julian Nida-Rümelin u. a. auf die Gegenwart übertragene Autonomie-Begriff und das Ziel des Menschen, Autonomie zu entfalten, die Annahme eines dem Menschen vorgegebenen Sittengesetzes, das mit den kategorischen Imperativen ein objektiver Wertekompass für Gewissen und Tugend ist, auch alles das begründet starke Resilienzpotentiale gegenüber der sino-marxistischen Vision von Mensch und Gesellschaft. Andere normative Humanismen, etwa diejenigen von Anhängern des Neoaristotelismus wie Amartya Sen, der wirtschaftsphilosophische Deismus von Adam Smith oder die phänomenologische Wahrheitsphilosophie sollten ebenso in eine solche Koalition der Freiheit aufgenommen werden, die sich nicht mit einem Würderelativismus von Utilitaristen, normativen Individualisten oder Libertären und schon gar nicht von (Sino-)Marxisten begnügt.[112]

Eine solche Koalition der Freiheit aus Vertretern religiöser und säkularer Ethikbegründung des normativen Humanismus bietet ein starkes Begründungsfundament für eine Vision der Freiheit, die resilient ist. Um sie zu schmieden, müssen solche Potentiale wiederentdeckt und ermutigt werden.

> Ergo: Es ist für den Wettbewerb der Werte an der Zeit, solche Resilienz stiftenden Begründungen und Positionen für eine starke Koalition der Freiheit ausdrücklich wieder zu vertreten, sie zu hören, zu stärken und sie als Partner zusammenzubringen.

---

112   Vgl. Nass (2022: S. 102–117).

Zweiter Schritt: Wertekoalition

Auf einem solchen starken Begründungsfundament bauen starke Wertepositionen auf. In der ideologischen Kritik der ersten Runde des Wettbewerbs war hier vor allem eine Frage offengeblieben: Die sino-marxistische Position praktiziert unter Xi systematisch eine ideologische Synthese aus Tradition und Neuem. Was kann hier eine Vision der Freiheit dagegensetzen?

Das sino-marxistische Regierungsethos von Xi ist auf der Werteebene der Versuch einer Synthese aus konservativer Ideologie und bedingter Offenheit für Neues, so etwa in den verschiedenen Adoptionen. Die echten Adoptionen führen dabei sogar zu einer Weitung des marxistischen Habitus. Mit dieser dynamischen Haltung sollen die Gebrechen eines verkrusteten Dogmatismus verhindert werden. Der marxistische Habitus soll also den chinesischen und den Gegenwartsbedingungen entsprechend weiterentwickelt werden. Darin haben wir oben bereits kritisch die Gefahr ausgemacht, dass hiermit auch widersprüchliche Inhalte als vermeintliche Synergie vereinigt werden sollen. Eine Antwort der Freiheit darauf kann sich aber mit einer solchen Kritik nicht begnügen. Sie muss sich selbst noch einmal die Frage stellen, wie sie ein freiheitliches Bewusstsein auf der Grundlage ihrer Wertefundamente weiterentwickeln kann, um nicht selbst einem starren Dogmatismus zu verfallen.

Für unseren deutschen Kulturkreis braucht es für diese Wertefrage die normative Anschlussfähigkeit an die Ordnungsidee der Sozialen Marktwirtschaft. Einfach das ergänzende Thematisieren neuer Fragen wie etwa Klimaschutz oder Globalisierung reicht dabei nicht aus. Denn das ist keine systematische Weiterentwicklung freiheitlicher Demokratietheorie. Auch die immer wieder versuchte Beimengung neosozialistischer Gedanken hat sich dabei bislang als nicht zielführend erwiesen. Denn sie führte zu einer Ablösung von den Wertefundamenten wie etwa bei den Thesen und Rezeptionen von

Thomas Piketty.[113] Auch die Versuche einer sog. »Neuen Sozialen Marktwirtschaft« konnten hierzu wenig Substantielles beitragen. Erfolgversprechende Ansätze brauchen auch gar nicht ganz neu erfunden zu werden. So etwa versteht schon Thomas von Aquin das christliche Naturrecht als einen solchen dynamischen Prozess, der die feststehenden Werte auf immer neue Fragestellungen anwendet. So kann es etwa heute für die ethischen Bewertungen von künstlicher Intelligenz, Globalisierung, Migration oder anderer Themen herangezogen werden. Und genau diese naturrechtliche Logik war neben Gedanken der Aufklärung ja ein wesentliches Wertegfundament Sozialer Marktwirtschaft. Ansätze des Kommunitarismus gehen durchaus in die richtige Richtung. Michael Sandel lässt sich hierzu aber trotz aller Konkretheit seiner aktuellen sozialethischen Urteile auf eine narrative Ethikbegründung ein, welche letztlich auch wieder die vorgegebenen Wertefundamente preisgibt.[114] Seine und die anderen großen Entwürfe solcher Philosophie entstammen zudem einer den deutschen Pfadabhängigkeiten der Ordnungsethik fremden Tradition. Für eine Koalition der Freiheit ist eine solche Fremdartigkeit durchaus willkommen, sofern sie ihre Fundamente des normativen Humanismus beibehält. Für den deutschen Weg brauchen wir dafür jedoch noch einen anschlussfähigen Pfad.

Ergo: Es braucht für unseren Kulturkreis in der Tradition Sozialer Marktwirtschaft eine ausgereifte politische Ethik, die eine Synthese aus traditionellem Wertefundament (Christentum und Aufklärung) und Neuem überzeugend vorstellt. Diese ist für eine Wertekoalition der Freiheit notwendig als überzeugende Alternative zum sino-marxistischen Pendant.

---

113   Vgl. Piketty (2015).
114   Vgl. Sandel (2012).

Dritter Schritt: Strategiekoalition

Nun schauen wir noch auf die gebliebenen Desiderate, welche im Hinblick auf eine angemessene Strategie Deutschlands im Verbund mit anderen freiheitlichen Ländern offengelegt wurden. Die Leitlinie für eine Schließung solcher noch vorhandener Konsistenzlücken ist die konsequente Orientierung an den Wertefundamenten und ihren Begründungen:

* Taiwan: Der Ausbau wirtschaftlicher Beziehungen zu Taiwan ist angesichts der massiven Bedrohungslage nicht hinreichend. Das Festhalten an der durch die sino-marxistische Einschüchterung erzwungenen Ein-China-Politik sollte zumindest für eine langfristige Perspektive überdacht werden, um so Taiwan mehr Rückendeckung zu geben. Und es braucht dringend eine kluge, gut abgestimmte wie wirksame Strategie für den Fall der militärischen Eskalation Chinas gegen Taiwan.

* Menschenrechte: Ein bloßes Anprangern der Verletzungen Chinas gegen Menschenrechte, Demokratie, Rechtsstaat etc. ändert nichts. Es braucht stattdessen den offen ausgetragenen Wettbewerb der Werte und damit auch der Konzepte von Menschenwürde und Menschenrechten. Die Vereinten Nationen müssen mit mitwirksamen Sanktionsinstrumenten für Verstöße gegen internationales Recht und Menschenrecht ausgestattet werden und diese auch einsetzen, anstatt sich unterwandern zu lassen. Und diese müssten dann auch gegen das mächtige China unter Xi zum Einsatz kommen.

* Zersetzung westlicher Bündnisse: Um nicht immer weiter in diese gleiche Falle zu tappen, sollte in einer Koalition der Freiheit vertraglich vereinbart werden, dass keine exklusiven bilateralen Verträge mit der derzeitigen Führung Chinas abgeschlossen werden. Verstöße dagegen müssen sanktioniert werden. Eine egoistische Kleinstaaterei der westlichen Länder gegenüber dem übermächtigen China birgt stets die Gefahr einer Spaltung der

freiheitlichen Welt, die wir uns nicht leisten können und auch nicht leisten sollten. Eine Zusammenarbeit gleich welcher Art muss an die Bedingung der Reziprozität geknüpft werden, was mit dem China unter Xi nur aus einer gemeinsamen EU-Position der Stärke erfolgen kann, etwa im Kampf gegen den Klimawandel.

• Wirtschaftliche Abhängigkeiten: Es braucht bei uns zumindest mittelfristig wohl auch eine Opferbereitschaft zu wirtschaftlichen Einbußen im Rahmen einer Neuausrichtung von Handel und Produktionsstandorten. Um die angestrebten Alternativen etwa im Bereich Lieferketten oder anderer wirtschaftlicher Verflechtungen zu realisieren, muss erst mit neuen Partner Vertrauen aufgebaut werden. Hierzu zählen dann auch Eingeständnisse von Fehlern (vor allem der früheren Kolonialmächte). Das erfordert eine ehrliche Haltung der Demut etwa gegenüber vielen afrikanischen Staaten. Und es müssen solchen Ländern, die sich bereits in Abhängigkeiten von China befinden, finanzielle Optionen geboten werden, um sich daraus lösen zu können. Hierbei sind zuerst freiheitlich gesinnte Länder in den Blick zu nehmen, welche ja dann auch die eigene Koalition stärken. Ob Indien angesichts der angespannten demokratischen Verhältnisse dort dazu gehört, ist noch unklar, aber ganz sicher sehr erstrebenswert.

• Militärische Einschüchterungen: Auf diese Provokation ist noch keine hinreichende Antwort der freiheitlichen Länder in Sicht. Jedenfalls ist sie bislang nicht öffentlich bekannt und erkennbar. Es kann aber keineswegs hingenommen werden, dass wir tatenlos zuschauen, wie China Nachbarländern (Philippinen u.a.) seinen Willen aufzwingt, auch ganz eindeutig gegen bestehendes internationales Recht. Zweifellos muss eine Koalition der Freiheit gemeinsam mit den USA darauf eine Antwort finden, die auch in einer glaubwürdigen Abschreckung bestehen könnte, etwa unter Einbeziehung von Anrainerstaaten wie Japan, Australien u.a.

- Spitzentechnologie und -wissenschaft: Eine Stärkung eigener Forschung kann nur gelingen, wenn sie wehrhaft ist und bleibt gegenüber Spionage und sino-marxistischer Unterwanderung wie Einschüchterung in Wirtschaft, Industrie, Wissenschaft und Politik.
- Sinisierung der UN: Hier ist noch keine wirksame Strategie in Sicht. Sie kann auch erst dann vorgelegt werden, wenn die Begründungs- und Wertekoalition der Freiheit steht und gemeinsam ihre Vision auch in den UN vertritt und wirksam deren innere Zersetzung stoppt. Hierzu gilt es auch international zu werben mit dieser eigenen Vision. Die Verhinderung der Sinisierung unter den Regeln von Xi muss ein primäres Ziel der freiheitlichen Welt sein, das unverzüglich anzustreben ist.
- Narrative: Lügen und Leerformeln müssen offen entlarvt werden. Das schafft Transparenz auch für den globalen Wettbewerb der Werte und zeigt auf, wo sich Vertrauen lohnt und wo nicht. Hilfreich ist es dazu, eigene, wahrheitsgetreue Narrative zu entwickeln und sie wirksam in Umlauf zu bringen. Das verändert auf Dauer Bewusstsein.
- Ideologisierte Humanoide: Die Substituierung von Menschen durch ideologisch programmierte Humanoide ist kein gruseliges Science-Fiction-Szenario mehr. Sie ist technisch bald möglich und liegt ganz auf der Linie des Regierungsethos von Xi Jinping und seiner Vision. Denn damit lassen sich langfristig angestrebte Harmonie, Linientreue, »Opferbereitschaft« und die Freisetzung von Leistungspotentialen eher optimieren als mit realen, möglicherweise renitenten Menschen. Eine solche Dystopie muss von den freiheitlichen Ländern offen und mit allen Konsequenzen als eine reale Zukunftsoption benannt und verurteilt werden. Solche Pfade möglicherweise auch noch selbst zu beschreiten, sollte man tunlichst unterlassen, auch nicht unter dem Vorwand, wissenschaftlich auf Augenhöhe zu bleiben. Hier müssen rote Linien klar gezogen werden. Und ein Handel oder andere Beziehungen mit solchen Artefakten muss unterbleiben. Es braucht

insgesamt noch eine wirksame politisch-ethische Strategie der Freiheit, wie einer solchen Abschaffung des Menschen nachhaltig entgegenzutreten ist.

Ergo: Eine stimmige Strategiekoalition der Freiheit muss ihre eigenen Positionen noch weiter schärfen und mit Sanktionen ausstatten, für eigene Glaubwürdigkeit werben und vor allem auch noch neue wirksame Strategien gegen mögliche Dystopien erarbeiten (etwa gegen militärische Hilflosigkeit, UN-Sinisierung oder Abschaffung des Menschen). Ansonsten könnten die Zersetzungskräfte weiter mit »Erfolg« ihr Unwesen treiben.

Vierter Schritt: Koalition der Glaubwürdigkeit

Ein Bündnis der Freiheit wird in dem Wettbewerb nur dann Erfolg haben, wenn es selbst glaubwürdig ist. Eine Koalition noch so guter Freiheitswerte und Strategien ist aber, bleibt sie bei guten Argumenten und Vorsätzen, nicht hinreichend vorbereitet für einen nachhaltigen Erfolg. Ihr wird schnell die Puste ausgehen, wenn sich der anklagende Finger auf ihre eigene defizitäre Freiheitskultur richtet. Sie muss deshalb dem Spiegel, den sie Xi und seinen Genossen vorhält, auch selbst standhalten. Das aber heißt: Idealtypus und Realität dürfen sich nicht fundamental widersprechen. Sonst verblassen die Werte ebenso wie die daraus abgeleiteten Strategien und Apelle. Und die moralischen Argumente bleiben ungehört.

Der letzte Schritt in dieser dritten Runde ist damit sehr ambitioniert. Er verlangt aber nichts Unmögliches. Es ist schließlich hinreichend erwiesen, dass wohl keine reale Ordnung ihrem theoretischen Idealtypus entspricht. Das gilt selbstverständlich für die Realität in China unter Xi, die auch nicht identisch ist mit dem sino-marxistischen Ideal, das der große Führer in Peking zur Grundlage seiner Regierung macht. Es gilt aber eben auch für freiheitliche Ordnungen. Uns allen sind hierzu sicher schnell die viel zitierten Worte zur freiheitlichen Demokratie von Winston Churchill im Ohr: »Die Demokratie ist die schlechteste Staatsform, ausgenommen alle anderen.« Ein Paradies auf Erden hört sich anders an. Darum kann es in dem hier nun aufgestellten Spiegel der Glaubwürdigkeit auch nicht gehen. Doch der Spiegel darf nicht gravierende Risse in den Fundamenten der Realität sichtbar machen. Das Ergebnis aber ist keineswegs garantiert. Für eine solche durchaus sorgenvolle, selbstkritische Analyse werden natürlich nicht die sino-marxistischen Propagandaparolen herangezogen, die die freiheitliche Welt systematisch als Ausgeburt des Übels herabwürdigen. Vielmehr ist es der selbst gewählte Wertespiegel, der manche Unstimmigkeit freiheitlicher Ordnung im Namen der Freiheit zutage fördert. Hierbei wird – exemplarisch – vor allem auf Deutschland gesehen:

- Sehen wir auf die Realität der Streitkultur. Sie hat sich in Deutschland in den letzten Jahren zunehmend verschärft. Politisch, aber auch bei kulturellen Playern wie der Kirche, zeichnet sich eine deutliche Verrohung ab. Wo Menschen unterschiedlicher Meinungen nicht mehr auf Argumente hören, sondern wo zunehmend Beleidigungen und persönliche Eitelkeiten an deren Stelle treten, da hat eine Kultur der Freiheit ein Glaubwürdigkeitsproblem. Der Käfig der homogenen Bubbles ist ein verführerischer Kontrahent kreativer Streitkultur. Es wird dann im Widerstreit von Meinungen nicht mehr mit Argumenten nach Lösungen und Kompromissen gesucht, die auch die Mindermeinung wertschätzend leben lässt. So wird stattdessen der Weg beschritten zur Macht einer selbstgerechten Avantgarde. Eine solche Entwicklung ist ein Defizit unserer real existierenden freiheitlichen Demokratie.
- Gleiches gilt für die Auswahl von Führungskräften. Hier können wir sogar etwas lernen von Xi und seinem Regime. Die höhere Effizienz autoritärer gegenüber freiheitlich demokratischen Ge-

sellschaften wurde bereits diskutiert. Deren hohes Lied soll hier nicht gesungen werden. Der sozialethische Preis solcher Effizienz ist viel zu hoch und wurde schon oben kritisch diskutiert. Anknüpfend an Aristoteles muss aber positiv herausgestellt werden, dass die Auswahl von Verantwortungsträgern in China in hohem Maße von Tugendaspekten geleitet werden soll. Nun werden wir den Inhalt solcher Tugend, die Xi hier einfordert, selbstverständlich nicht teilen. Aber die Grundidee, politische und andere Ämter nicht allein nach dem handwerklichen Geschick oder nach dem Einfluss von nepotistischen Netzwerken zu besetzen, ist ein sehr hehrer Anspruch auch für die freiheitliche Demokratie. Karriere in der Volksrepublik macht nur der, der sich zuvor auf schwierigen Posten gewissenhaft bewährt hat.[115] Die Herausbildung einer Kaste von Emporkömmlingen ohne hinreichend nachgewiesene Eignung und Tugendhaftigkeit soll so verhindert werden. Natürlich ist dieses Ziel in China auch nicht erreicht. Aber das Tugendziel wird immerhin benannt und hochgehalten. Davon könnten wir uns wohl eine Scheibe abschneiden, um unsere Demokratie vor einer solchen Kaste der Dampfplauderer zu schützen, die ohne hinreichende Expertise, Tugend und Wertekenntnis die Welt erklären und die Gesellschaft lenken wollen. Anderes nämlich wäre zweifellos im Wettbewerb ein Pluspunkt für das chinesische Käfig-Modell.

- Und wie sieht es mit dem Anspruch der Wahrhaftigkeit aus, wenn wir der sino-marxistischen Vision den Einsatz von Täuschung und Unwahrheit vorwerfen. Wo sind denn bei uns noch Politiker, die den Nimbus der Wahrhaftigkeit haben, die also ihre Meinung sagen und dafür auch geradestehen. Nun ist es uns ja mit Niklas Luhmann bekannt, dass es in der Politik letztlich nicht um Wahrheit, sondern um Macht geht. Und da wird die Wahrheit schon mal geopfert. Wenn sich aber in der freiheitlichen Demokratie

---

115   Vgl. Naß (2021: S. 87).

eine Kultur des Misstrauens gegenüber den Amtsträgern breit macht, dann sägt sie an dem Ast, auf dem sie sitzt. Das aristotelische Tugendideal sollte also auch die Ehrlichkeit für Politiker wieder stärker in den Fokus rücken. Geschieht das nicht glaubhaft, bleiben die moralischen Vorwürfe gegenüber China heiße Luft. Wir brauchen also eine neue Politikergeneration.

- Auch um die von Nida-Rümelin u. a. stark gemachte Autonomie als Fundament der Freiheit steht es in der Realität nicht gut. Die Wertezersetzung der Gesellschaft ist bei uns schon weit fortgeschritten, so dass eine selbstbestimmte Entscheidung für vorgegebene, universale Werte wohl zur seltenen Ausnahme geworden ist. Eine Gesellschaft, die sich selbst etwa durch die Nutzung neuer Medien gläsern macht und sich an pragmatische Politik gewöhnt, anstatt nach programmatischen Gründen zu fragen, entfernt sich weit von diesem Verständnis der orientierten Selbstbestimmung.

- Ein Grund dafür ist auch die zunehmend schwindende Identität, die doch die Voraussetzung von Personalität und Autonomie gleichermaßen ist. Wir leben in einer Gesellschaft, die sich zunehmend von identitätsstiftenden Kontexten wie Heimat, Religion, Geschlecht, Familie u. a. verabschiedet. Wer aber ist dann noch der verantwortliche Mensch? Nur noch eine konstruktivistische Puppe in immer neuen Rollen? Ohne Identität aber verliert der Mensch seine Autonomie und das Bewusstsein seiner Würde. Er wird anfällig für die Macht der Zersetzung. Für die Verlockungen eines ethischen Relativismus, der Menschenleben gegeneinander aufrechnet. Oder für propagandistisch professionell verbreitete Phantasien von optimierten neuen Menschen, wie Xi sie erziehen und/oder schließlich technisch ersetzen will.

Ergo: Unsere reale freiheitliche Gesellschaft bietet für den Wettbewerb eine Reihe offener Flanken, die uns ein Blick in den Spiegel der Freiheit selbst offenbart. Zur Behebung solcher Defizite braucht es dringend Nachbesserungen in gelebter Streitkultur und Tugendethik, politischer Wahrhaftigkeit, praktizierter Autonomie und Identität.

Einigkeit freiheitlicher Länder statt bilaterale Verträge mit China
- Vereinbarte Verbote solcher bilateralen Verträge
- Mut zu mittelfristigen wirtschaftlichen Einbußen
- Bereitschaft, Drohungen und Sanktionen aus China zu ertragen

Offener Werte-Wettbewerb in Theorie und Praxis
- Koalition der Freiheit mit begeisternder Vision, gut begründeten Werten und Menschenrechten
- Neudenken einer politischen Ethik der Freiheit
- klare Positionierungen zu Taiwan und Lügen-Narrativen
- Wirksame Strategien gegen Dystopien
- Eigene Glaubwürdigkeitsdefizite beheben

Resilienz der Freiheit gegen sino-marxistische Hegemonie

Wirtschaftliche Alternativen zu Lieferketten, Seidenstraße u.a. erschließen
- Suche nach neuen Handelspartnern und Märkten
- Alternativen zur Seidenstraße schaffen und ermöglichen
- Vertrauen gewinnen durch Reue und Ehrlichkeit zu Geschichte und Gegenwart

Zurückdrängung sinomarxistischer Hegemonie betrifft:
- Chinas Weg zu einer neuen Weltordnung
- die ideologische Infiltration in Wissenschaft, Wirtschaft und Politik sowie die
- internationale (militärische) Einschüchterung und Zersetzung

Dar. 22: Hausaufgaben zur Resilienz

Zusammenschau

Damit die Welt also kein Käfig wird, muss eine starke Koalition mit einer sie einenden Vision der Freiheit geschmiedet werden, die zugleich noch eine ganze Reihe umfangreicher Hausaufgaben zu erfüllen hat. Diese sollten und müssen nun schnell und klug angegangen werden, ehe der Zug der globalen Werteordnung weiter und zügig in die falsche Richtung gefahren wird (▶ Dar. 22).

Ausblick
Wettbewerb und Freundschaft

Am Ende dieses Buches steht kein Fazit, sondern ein Werteappell. Dieser versteht sich als ein Wertekompass, um mit guten Gründen, Werten und Strategien glaubwürdig eine Richtung abseits des Käfigs vorzuschlagen. Der Kompass ist kein lehrbuchmäßiger Leitfaden der Diplomatie. Da mag man sich wohl besser an Metternich oder Talleyrand orientieren. Gekonnte, kluge Diplomatie ist für die künftige Gestaltung der Beziehungen Deutschlands und anderer freiheitlicher Länder mit dem China unter Xi sicher notwendig. Es braucht aber daneben eine langfristige Vision, die Schritt für Schritt einen neuen Weg vorgibt, der sich letztlich an der Wahrhaftigkeit der Vision der Freiheit und der für sie verantwortlichen Menschen und Länder orientiert. Auf Grundlage der Einsichten und Thesen zum Regierungsethos Xi Jinpings, wie sie in diesem Buch vorgestellt wurden, ist der ambitionierte Anspruch dabei eine möglichst nachhaltige Perspektive zu gewinnen, die bei einem tieferen Verstehen ansetzt und in einer langfristig wirkungsvollen Justierung unserer Beziehungen zu China mündet: im Dienst von unantastbarer Würde, individuellem Menschenrecht und freiheitlicher Demokratie.

Hierzu können die freiheitlichen Länder zur Stärkung eigener Resilienz auch Wichtiges lernen vom sino-marxistischen Regierungsethos unter Xi. Natürlich nicht die Inhalte dieser Ideologie, das Menschen- und Gesellschaftsbild, die autoritäre Diktatur u. a. Aber doch zumindest diese fünf Eckpunkte für die Entwicklung der eigenen Strategie:

1. Die Verständigung auf eine gut begründete gemeinsame und begeisternde Vision, nunmehr der Freiheit verpflichtet.
2. Die Vorstellung von der im Kern einenden großen Vision, um die sich international konzentrische Kreise finden in unterschiedlicher kultureller Ausprägung und Intensität der Umsetzung, ohne dass damit Uniformität einhergeht.
3. Die Idee einer dynamischen Tradition, die an die freiheitlichen Pfadabhängigkeiten der eigenen Kultur anknüpft (etwa Soziale Marktwirtschaft) und Neues gewinnend integriert.
4. Eine ganzheitliche Führungsidee, die möglichst viele (individuelle und kollektive) Motivationspotentiale der Menschen anspricht, ohne destruktive Anreize und ohne Optimierungswahn, der die Autonomie gefährdet.
5. Glaubwürdigkeit der freiheitlichen Demokratie durch Führungskräfte, die sich an der Basis, in der Provinz auch moralisch hinreichend bewährt und auch Bereitschaft zur Demut gezeigt haben. Das verhindert eine politische, wirtschaftliche oder religiöse Hierarchie der gut vernetzten Emporkömmlinge und stärkt so eine moralisch und fachlich gute Kultur und Resilienz.

Auf diese und einige weitere noch zu verrichtenden Hausaufgaben wurde schon hingewiesen, die für die Vision der Freiheit im offen auszutragenden Wettbewerb der Werte unverzüglich anzugehen sind. Die Dringlichkeit dieses Wettbewerbs markiert aber nicht allein ein fernes, visionäres Ziel. Sie versteht sich zugleich als Spiegel glaubwürdiger Freiheit. Und damit auch als ein Brennglas für die jetzt neu zu denkenden Beziehungen mit dem China unter Xi und danach. Und dabei kommen nun abschließend zwei Brennpunkte in den Blick: ein reflektierter Habitus des Wettbewerbs einerseits ein Habitus künftiger Freundschaft andererseits.

Der Habitus des Wettbewerbs setzt Werte und Strategien in konkretes Handeln um. Wie gehen wir also nun ganz konkret mit den für uns offensichtlichen Defiziten im heutigen Regierungsethos Chinas um, mit den Verletzungen von wesentlichen Menschenrechten, der Verfolgung und Unterdrückung von Minderheiten und Religionen statt Freiheitsrechten und Pluralität, der totalen Kontrolle unter der Parteidiktatur statt freiheitlichem Rechtsstaat und Demokratie, den Zersetzungsstrategien, Unwahrheiten und den vielen, hier diskutierten dystopischen Szenarien? Ein Ausschweigen aufgrund kurzfristiger wirtschaftlicher Interessen oder aus Gründen der chinesischen Einschüchterung ist moralisch defizitär und rettet mittel- und langfristig auch keine Prosperität. Eine offene Konfrontation provoziert sicher allergische Reaktionen von Seiten Chinas und wird meist mit empfindlichen Sanktionen beantwortet. Doch ist eine solche Ehrlichkeit im Dienst der unbedingten Menschenwürde und individuellen Menschenrechte und damit der Kultur der Freiheit jetzt geboten. Dabei hilft es nun aber wenig, China einfach Verstöße gegen Menschenrechte, Demokratie, Rechtsstaat oder Freiheit vorzuwerfen. Solche bei uns populären Vorwürfen gehen ins Leere. Denn China hat unter Xi alle diese Begriffe adoptiert und in seinem Sinne sinisiert. Somit fühlen sich China und Xi gerade als die Vorkämpfer dieser Werte, nur eben in ihrer eigenwilligen Lesart, welche der freiheitlichen Lesart widerspricht. Der Westen habe sie bisher falsch verstanden. Und nun komme China, interpretiere sie neu und baue darauf eine neue Weltordnung auf. Das ist die immunisierte Weltsicht von Xi und seinen Genossen. Eine ehrliche Auseinandersetzung und Kritik dürfen sich also nicht länger mit bloßen Begriffen begnügen, die aber nur einfach unterschiedlich interpretiert sind. Vielmehr muss ein solches Ringen um Werte und Würde ganz konkret die Unterschiede solcher Auslegungen aufdecken und sie klar beim Namen nennen. Das heißt: Die Koalition der Freiheit, die es zu schmieden gilt, braucht genau dafür eine habituell verinnerlichte Vision. Sie muss anhand von konkreten Beispielen einen vergleichenden Wertekatalog vorlegen und diesen auch ausdrücklich artikulieren. In diesem Katalog ist dann nachzulesen, was Menschenrecht, Demokratie, Marktwirtschaft etc. in den unterschiedlichen Lesarten bedeuten und welche Konsequenzen sich daraus in freiheitlichen

Ländern und in China ganz konkret für das Zusammenleben, für Minderheiten, für Bildung und Wissenschaft, für Presse und Religion, für Krieg und Frieden etc. ergeben. Erst eine solche Transparenz öffnet uns selbst und möglichen chinesischen Partnern im Dialog die Augen für die fundamentalen Wertedifferenzen trotz eines oft austauschbaren Vokabulars. Wir müssen also gut reflektiert gerüstet sein für den Wettbewerb mit einer solchen Nomenklatur der Werte und einem Habitus freiheitlicher Begeisterung, die solche Wahrhaftigkeit nicht scheut und dafür auch zu streiten bereit ist.

Die Zukunft der Beziehungen zwischen freiheitlichen Ländern wie Deutschland und China sollte idealerweise nicht dauerhaft durch einen fundamentalen Wettbewerb der Werte geprägt und damit belastet sein. Vielmehr muss es das Ziel sein, dauerhaft wieder Vertrauen zueinander aufzubauen und auf dieser Grundlage die Beziehungen freundschaftlich zu gestalten: zum Wohl der Menschen in diesen unterschiedlichen großen Kulturkreisen, zur Bewahrung der Schöpfung, für Wohlstand, Freiheit und Frieden. Aus einer Sicht der Freiheit kann eine solche Freundschaft nur mit einer chinesischen Regierung aufgebaut werden, die sich vom Kurs sino-marxistischer Hegemonie abwendet und selbst normativ humanistische Werte zu teilen bereit ist, wie etwa individuelle Menschenrechte und damit verbundene Freiheiten. Hierzu können kulturelle Prägungen eine Brücke bauen. Die konfuzianischen Wurzeln der chinesischen Kultur etwa begründen keineswegs einen unüberbrückbaren Widerspruch zu freiheitlichen Vorstellungen von Mensch, Würde und Demokratie. Xi und seine KPCh machten sich hingegen eine solche irrige Idee unter Rückgriff auf Huntingtons »Clash of Civilization« zunutze und profilieren so ihre Gesellschaftsidee im Wettbewerb als das vermeintlich überlegene Gegenmodell zum Westen. Die chinesische Tradition führe dem Regierungsethos von Xi entsprechend geradezu zwangsläufig zu einer solchen Dialektik, die ja auch noch sehr gut ins marxistische Weltbild passt. Doch ein solches Amalgam des Konfuzianismus verkennt die Potentiale dieser großen präkommunistischen Tradition Chinas. Der Sino-Marxismus ist keineswegs die logische Fortsetzung des Konfuzianismus. Letzterer kann vielmehr mit seinen Vorstellungen von Mensch, Kultur, Gesellschaft und Tugend starke Brücken bauen zu einer personalen Menschenrechtsidee, die dann auch die Sozialnatur des Menschen mit berücksichtigt. Der Konfuzianismus bietet zwar keine ausgearbeitete Menschenrechtstheorie nach westlichem Vorbild und auch keine direkte Begründung für eine unantastbare Menschenwürde an. Jedoch wird hier von ausgewiesenen Experten wie etwa von Gregor Paul oder Heiner Roetz eine vielversprechende Anschlussfähigkeit gesehen, welche sogar die Tür für einen universalen Humanismus mit individuellen Menschenrechten öffne.[116] Die Unbedingtheit der Würde folgt dann in der Begründung nicht einem Geschenk Gottes oder einem kategorischen Imperativ. Denn solche personale Transzendenz bzw. transzendentale Herleitung ist ja dort ausgeschlossen. Der edle Mensch verkörpere konfuzianisch gedacht vielmehr ganz aus sich heraus das Gute (*dao*), welches solche auch individuellen Rechte begründen könnte.[117] Auch Plato, Aristoteles oder Thomas von Aquin haben noch keine konkreten individuellen Menschenrechte formuliert, und doch sind u. a. ihre naturrechtlichen Gedanken wesentliche Fundamente genau dieser Errungenschaft. Ebenso könnte also auch eine neu-konfuzianische Philosophie Chinas – anders als es Xi und seine Genossen in ihrer dialektischen Logik sehen – ein guter Partner sein für eine kulturübergreifende Idee des normativen Humanismus mit auch individuellen Menschenrechten. Ein traditionsbewusstes China jenseits der kommunistischen Parteidiktatur könnte sich also, wenn es Xi und den Sino-Marxismus hinter sich ließe, gut als konstruktiver Partner in einer Koalition der Freiheit verstehen und einbringen. China ist also keineswegs quasi von Natur aus der große Widersacher liberaler Werte und Gesellschaftsmodelle. Deshalb ist

---

116   Vgl. Paul (2010: S. 117), Roetz (2009: S. 61).
117   Vgl. Roetz (2009: S. 64).

es notwendig, dass die freiheitliche Welt nicht einfach ihre Werte paternalistisch China als anklagenden Spiegel vors Gesicht hält. Vielmehr muss sie diese verbindenden Seiten der chinesischen Seele mit deren reichen Tradition sensibel ansprechen und deutlich machen, dass die konfuzianische Kultur so viel mehr mit einem freiheitlichen Humanismus als mit dem Marxismus gemein hat. So kann eine ideologische Entzauberung des marxistisch adoptierten Konfuzianismus gelingen und schon eine erste Brücke zu dem noch nicht marxistisch umerzogenen China geschlagen werden. Und mehr noch: Eine solche Brücke wirkt interkulturell verbindend. Auf Taiwan etwa gibt es eine freie christlich-chinesische Bildung. Die christliche Universität Fu-Yen in Peking wurde 1949 beschlagnahmt.[118] Eine eigenständige christlich verantwortete Bildung wird von den Kommunisten dort ja nicht geduldet. Die Fu-Yen wurde 1960 auf Taiwan neu gegründet. Sie ist nun in öffentlicher Trägerschaft ein Partner für ein gelingendes interkulturelles Miteinander chinesischer und christlicher Kultur und Ethik. Solche Kultur der Freiheit und des Miteinanders auf Augenhöhe zu bewahren und weiterzuentwickeln, macht Mut für eine Zukunft der Freundschaft. Die Freundschaft mit China ist ja letztlich das unstrittige Ziel einer solchen Vision der Freiheit.

---

118   Vgl. Steyler Missionswissenschaftliches Institut (2023).

Literatur und Bildquellen

Literatur

Acemoglu, Daron/Robinson, James A. (2021): Warum Nationen scheitern. Die Ursprünge von Macht, Wohlstand und Armut, 7. Auflage. Frankfurt a.M.

Ames, Roger T. (2018): Theorizing the »Person« in Confucian Ethics. In: Michael J. Sandel/Paul J. D'Ambrosio (Hrsg.): Encountering China. Michael Sandel and Chinese Philosophy. Cambridge/London: S. 160–196.

Auswärtiges Amt (Hrsg.) (2023): China-Strategie der Bundesregierung, Berlin.

Beauchamp-Mustafaga, Nathan (2023): Chinese Next-Generation Psychological Warfare: The Military Applications of Emerging Technologies and Implications for the United States, RAND Corporation, RR-A853-1, 2023. As of December 20, 2023: https://www.rand.org/pubs/research_reports/RRA853-1.html (23.12.2023).

Berlenbach, Olaf (2023): Situation der Christen in China. Auszüge aus dem Weltverfolgungsindex 2023 von Open Doors. In: Non Nobis Heft 29 (15): Volksrepublik China. Eine Großmacht aus ordnungsethischer Sicht.

Blum, Ulrich (2020): Wirtschaftskrieg. Rivalität ökonomisch zu Ende denken. Wiesbaden.

Brown, Kerry (2018): Die Welt des Xi Jinping. Alles, was man über das neue China wissen muss. 2. Auflage. Frankfurt a.M.

CDU/CSU-Fraktion im Deutschen Bundestag/Thorsten Frei/Stefan Müller (Hrsg.) (2023): Souveränität aus eigener Stärke – Eckpfeiler einer neuen China-Politik. Positionspapier der CDU/CSU-Fraktion im Deutschen Bundestag. Beschluss vom 18. April 2024, Berlin.

Dieter, Heribert (2021): Chinas neuer Langer Marsch. Zwischen Selbstisolation und offensiver Außenpolitik. Hrsg. von Bundeszentrale für politische Bildung, Bonn.

Drinhausen, Katja/Rudyak, Marina (2023): China dekodieren. Ein Wörterbuch. Zweite Ausgabe, deutsche Version, https://decodingchina.eu/de/ (28.8.2023).

FDP-Fraktion im Deutschen Bundestag (2023): Positionspapier der FDP-Fraktion zur China-Strategie, https://www.fdpbt.de/sites/default/files/2023-02/Positionspapier%20zur%20China-Strategie.pdf (22.12.2023).

Feege, Andreas (2022): Systemische Rivalen? In: Hohe Luft kompakt Sonderheft 1/2022: S. 52–57.

Heilmann, Sebastian/Lea Shih und Sandra Heep (2016): Chinas sozialistisches System. In: Sebastian Heilmann (Hrsg.): Das politische System der Volksrepublik China. Wiesbaden: S. 27–37.

Hellström, Jerker (2023): Nation. In: Drinhausen, Katja/Rudyak, Marina (2023): China dekodieren. Ein Wörterbuch. Zweite Ausgabe, deutsche Version, https://decodingchina.eu/de/ (28.8.2023): S. 59–60.

Hermanns, Uwe (2021): Chinas Aufstieg aus dynamisch-ordoliberaler Sicht. Sonderthema: WTO-Rechtsprechung zu handelspolitischen Schutzmaßnahmen. China Ordo-Dynamik Report 1, 2020. Überarbeitete Version vom 6.4.2021, www.tradefocus.de/U.HermannsChinaOrdoDynamikReport2020.pdf (3.1.2023).

Hoston, Germaine A. (1994): The State, Identity, and the National Question in China and Japan, Chichester.

Huar, Ulrich (1978): Mensch und Politik in Geschichte und Gegenwart. Zum Verhältnis von Individuum, Klasse und Politik. Ost-Berlin.

IHK Düsseldorf (2023): Für eine nachhaltige Partnerschaft mit China unter veränderten geopolitischen Rahmenbedingungen. Positionierung, https://www.ihk.de/duesseldorf/aussenwirtschaft/auslandsmaerkte/china/fuer-eine-nachhaltige-partnerschaft-mit-china-unter-veraenderten-geopolitischen-rahmenbedingungen-4632666 (23.12.2023).

Kern, Johannes (2021): Guanxi im chinesischen Geschäftsleben. Erfolgreich verstehen und anwenden. Berlin.

Leader to Leader Institute (2004): Be Know Do. Leadership The Army Way, San Francisco.

Li, Chengyang (2018): Community without Harmony? A Confucian Critique of Michael Sandel. In: Michael J. Sandel/Paul J. D'Ambrosio (Hrsg.): Encountering China. Michael Sandel and Chinese Philosophy. Cambridge/London: S. 3–18.

Li, Jessica (2017): Ethical Business Cultures in China. In: Douglas Jondle/Alexandre Ardichvili (Hrsg.): Ethical Business Cultures in Emerging Markets. Cambridge: S. 81–109.

Madsen, Kimberly A. (2019): China's Unethical Economic Development Practices. In: The Hilltop Review 11 (2): S. 25–42.

Nass, Elmar (2023): Ziele und Werte »sozialistischer Marktwirtschaft«. Chinas Wirtschaft aus ordnungsethischer Sicht, Stuttgart.

Nass, Elmar (2020) Christliche Sozialethik. Orientierung, die Menschen (wieder) gewinnt, Stuttgart.

Nass, Elmar (2006): Der humangerechte Sozialstaat. Ein sozialethischer Entwurf zur Symbiose aus ökonomischer Effizienz und sozialer Gerechtigkeit, Tübingen.

Naß, Matthias (2023): Kollision. China, die USA und der Kampf um die weltpolitische Vorherrschaft im Indopazifik, München.

Naß, Matthias (2021): Drachentanz. Chinas Aufstieg zur Weltmacht und was er für uns bedeutet, München.

Nida-Rümelin, Julian (2006): Demokratie und Wahrheit, München.

Oud, Malin (2023): Internationales Recht. In: Drinhausen, Katja/Rudyak, Marina (2023): China dekodieren. Ein Wörterbuch. Zweite Ausgabe, deutsche Version, https://decodingchina.eu/de/ (28.8.2023): S. 38–39.

Oud, Malin (2023a): Transparenz. In: Drinhausen, Katja/Rudyak, Marina (2023): China dekodieren. Ein Wörterbuch. Zweite Ausgabe, deutsche Version, https://decodingchina.eu/de/ (28.8.2023): S. 80–81.

o.V. (2023): De-Risking. Zentrale Punkte der China-Strategie. In: Deutsche Verkehrszeitung vom 13.7.2023, https://www.dvz.de/rubriken/politik/detail/news/bundesregierung-beschliesst-china-strategie-am-donnerstag.html (31.10.2023)

Paul, Gregor (2010): Konfuzius und Konfuzianismus, Darmstadt.

Piketty, Thomas (2015): Das Kapital im 21. Jahrhundert, München.

Rhinow, René (2022): Freiheit in der Demokratie. Plädoyer für einen menschenwürdigen Liberalismus, Zürich.

Roetz, Heiner (2009): Der konfuzianische Humanismus und sein Ursprung aus dem Geist der Traditionskritik, In: Lena Henningsen/Heiner Roetz (Hrsg.): Menschenbilder in China, Wiesbaden: S. 3–66.

Rosemont, Henry (2018): How to Think about Morality without Moral Agents. In: Michael J. Sandel/Paul J. D'Ambrosio (Hrsg.): Encountering China. Michael Sandel and Chinese Philosophy, Cambridge/London: Harvard University Press: S. 197–227.

Russwurm Siegfried/Gönner, Tanja (2022): Wie gestalten wir unsere Beziehungen zu China? Freiburg i.Br. u. a., https://bdi.eu/artikel/news/chinas-wirtschaftspolitik-als-herausforderung-fuer-die-europaeische-wirtschaft/ (4.1.2023).

Sandel, Michael (2012): Was man für Geld nicht kaufen kann. Die moralischen Grenzen des Marktes, Berlin: ullstein.

Sieren, Frank (2018): Zukunft? China!* Wie die neue Supermacht unser Leben, unsere Politik, unsere Wirtschaft verändert. 4. Auflage. München.

Sohst, Wolfgang (2019): Das chinesische Menschenbild. Präsentation vom 24.10.2019 in Eberswalde, (28.10.2023).

Sonnstedt, Lennart (2020): Östliche Philosophie. Grundlagen. Auf den Spuren des Buddhismus, Konfuzianismus und Taoismus, Hannover.

Steyler Missionswissenschaftliches Institut (2023): Steyler Missionschronik 2023: Taiwan, St. Augustin.

Theveßen, Elmar (2022): Kampf der Supermächte. Amerika und China auf Konfrontationskurs, München.

ten Brink, Tobias (2013): Chinas Kapitalismus. Entstehung, Verlauf, Paradoxien. Frankfurt a. M.

Tofall, Norbert F. (2023): Chinas Wirtschaft als Machtmittel von Xi – Oder weshalb die chinesische Wirtschaft noch nicht größer ist als die der USA. Kommentar des Flossbach von Storck Research Institute vom 27.11.2023, https://www.flossbachvonstorch-researchinstitute.com/de/kommentare/chinas-wirtschaft-als-machtmittel-von-xi-oder-weshalb-die-chinesische-wirtschaft-noch-nicht-groesse/ (22.12.2023).

Trobisch-Lütge, Stefan (2016): Psychofolgen bis heute: "Zersetzungs" – Opfer der DDR-Geheimpolizei. Auf: Bundeszentrale für politische Bildung vom 7.10.2016, Psychofolgen bis heute:»Zersetzungs»-Opfer der DDR-Geheimpolizei | Stasi | bpb.de (27.12.2023).

van Ess, Hans (2023): Der Konfuzianismus. Nördlingen.

van Ess, Hans (2004): Konfuzianismus: Prägende Kraft in Ostasien? In: Sepp Linhart/Susanne Weigelin-Schwiedrzik (Hrsg.): Ostasien 1600 – 1900. Geschichte und Gesellschaft, Wien.

Wlodarczyk, Tomasz (2023): Religion als Grundlage der freien Gesellschaft. Sozial-ethische Konsequenzen der Beziehung zwischen dem Heiligen und dem Profanen anhand der Philosophie von Leszek Kolakowski, Baden-Baden.

Xi, Jinping (2022): The Governance of China IV. Peking: Foreign Languages Press.

Xi, Jinping (2021): China regieren III. Peking: Verlag für fremdsprachige Literatur.

Xi, Jinping (2018): China regieren II. Peking: Verlag für fremdsprachige Literatur.

Xi, Jinping (2014): China regieren. Peking: Verlag für fremdsprachige Literatur.

Yin, Juelin/Quazi, All (2018): Business Ethics in the Greater China Region: Past, Present, and Further Research. In: Journal of Business Ethics 150 (3): S. 815–835.

Zeleny, Klaus (2018): Grundfragen der Demokratie in wissenschaftlicher Sichtweise. In: Hans Kelsen: Vom Wesen und Wert der Demokratie. Originalausgabe: 2. Aufl. Tübingen 1929, Stuttgart: Reclam: S. 145–159.

Zhuo, Xinping (2023): Zur Geschichte der Sinisierung des Katholizismus. In: China heute 4 (2023): 225–238.

Nachweis der Bildquellen

Dar 1: Abovfold unter https://commons.wikimedia.org/wiki/File:The_Governan ce_of_China_-_Xi_Jinping.jpg?uselang=de. CC BY-SA 4.0 DEED, https://creativecommons.org/licenses/by-sa/4.0/.

Dar. 2: Originalvorlage des Verfassers

Dar. 3: N509FZ unter https://commons.wikimedia.org/wiki/File:North_wing_of_the_National_Library_of_China_(20230318082607).jpg. CC BY-SA 4.0 DEED, https://creativecommons.org/licenses/by-sa/4.0/.

Dar. 4: Guerinf unter https://commons.wikimedia.org/wiki/File:Parc_Heping_(4).jpg. CC BY-SA 4.0 DEED, https://creativecommons.org/licenses/by-sa/4.0/.

Dar. 5: Originalvorlage des Verfassers

Dar. 6: Originalvorlage des Verfassers

Dar. 7: Zhang yu unter https://commons.wikimedia.org/wiki/File:Tiananmen_beijing_Panorama.jpg.

Dar. 8: Stich nach Wu Daozi unter https://commons.wikimedia.org/wiki/File:Confucius_02.gif?uselang=de.

Dar. 9: Originalvorlage des Verfassers

Dar. 10: Originalvorlage des Verfassers

Dar. 11: Wylve unter https://de.wikipedia.org/wiki/Datei:The_Third_Session_of_the_12th_National_People%27s_Congress_open_20150305.jpg

Dar. 12: Originalvorlage des Verfassers

Dar. 13: Originalvorlage des Verfassers

Dar. 14: Originalvorlage des Verfassers

Dar. 15: Originalvorlage des Verfassers

Dar. 16: William Warby unter https://commons.wikimedia.org/wiki/File:Statue_of_Liberty,_NY.jpg. CC BY 2.0 DEED, https://creativecommons.org/licenses/by/2.0/.

Dar. 17: Originalvorlage des Verfassers

Dar. 18: Michael Kappeler, picture alliance/dpa

Dar. 19: Belt and Road Research Platform unter https://leidenasiacentre.nl/belt-and-road-research-platform, Stand: 03.06.2024.

Dar. 20: Tyler ser Noche unter https://commons.wikimedia.org/wiki/File:President_Trump_visits_China_2017_(37712532614).jpg?uselang=de.

2023. 154 Seiten mit 11 Abb.
und 5 Tab. Kart.
€ 25,–
ISBN 978-3-17-043746-3
Wirtschaft kontrovers

Nach Jahrzehnten der Zurückhaltung präsentiert sich die Volksrepublik China heute als selbstbewusste Weltmacht. Dieser beispiellose Aufstieg wäre ohne die rasante gesellschaftliche und wirtschaftliche Entwicklung kaum denkbar. Dabei gibt der ordnungspolitische Rahmen bis heute Rätsel auf. In der Verfassung ist eine „sozialistische Marktwirtschaft" festgeschrieben, eine bürokratisch autoritäre Ordnung, in der der Staat und damit die Kommunistische Partei die Regeln vorgeben. Die Staats- und Parteiführung betont zudem verstärkt die nationale Sonderstellung Chinas als Gegenmodell zu den liberalen Gesellschaften des Westens und treibt gewaltige Entwicklungsprojekte voran, die auf politische Dominanz abzielen. Der Autor analysiert die aktuelle Wirtschafts- und Gesellschaftsordnung und legt deren Wertefundament offen. Damit wird das kritische Nachdenken über die Ordnungsethik westlicher Ökonomie und ein verantwortbares Verhalten gegenüber China angeregt.